梅原猛の授業 能を観る

梅原　猛

朝日文庫

本書は二〇一二年四月、小社より刊行されたものです。

（二〇〇九年一月～二〇一〇年三月に開催された「梅原猛　能を観る」（大阪・大槻能楽堂）の講演を基にした）

梅原猛の授業　能を観る　目次

注作成＝西川照子

梅原猛の授業　能を観る

〈凡例〉

本書に引用の謡曲の詞章は、主として新潮日本古典集成『謡曲集』上・中・下（新潮社）を用いた。これに収載のないものは新編日本古典文学全集『謡曲集』一・二（小学館）、日本古典文学大系『謡曲集』上・下（岩波書店）、及び佐成謙太郎『謡曲大観』全七巻（明治書院）によった。詞章が新潮日本古典集成の場合は、原則として出典の明記はしていない。コトバ（科白）は「」で、フシは〽で表わし、句切りごとに読点を付した。フシの種類は記していない。

また、謡曲の五番立てによる分類には諸説あるが、本書では基本的に横道萬里雄編『岩波講座　能・狂言』別巻「能演目一覧」の分類に従った。

◉第一時限

自然居士《じねんこじ》 観音の救済劇

◉作者　観阿弥／四番目物　芸尽物

◉登場人物と演者

シテ　自然居士（浅見　真州）

・面　喝食《かっしき》

子方（ツレ）　女児（寺澤　杏海）

ワキ　人商人（宝生　閑）

ワキツレ　人商人の同輩（大日方　寛）

アイ　門前の男（丸石　やすし）

◉典拠　自然居士伝承

◉参考資料　『渓嵐拾葉集』九／『天狗草子』伝三井寺巻・中村家本／『日本名僧伝』／『東福寺誌』

これから十五回にわたり当代一流の能役者・囃子方《はやし》*1の方々を迎え、能の名曲を皆さまにお届けする訳ですが、その解説を私がすることになりました。解説といっても、私の能についての考えを述べる機会にさせていただきたいと思っています。

能は『源氏物語』とともに日本の誇るべき芸術です。日本には『源氏物語』という素晴らしい小説がありますが、同時に能という素晴らしい演劇も存在します。平成二十年（二〇〇八）の「源氏物語千年紀」によりまして『源氏物語』の素晴らしさは、あまねく世界に知られましたが、能の素晴らしさについては、いまだ世界の人ばかりか日本人にもよく理解されていません。

能は深い思想を伴う優れた演劇です。今までの能楽研究は、ともすれば文献学的研究に片寄り、能の文学性や思想性については、あまり論じられてきませんでした。私はここで、ほぼ時代順に並べました能の名曲の解説を通じて、観阿弥《かんあみ》*2に始まり世阿弥《ぜあみ》*3に受け継がれていった能役者たちが、いかに個性的な素晴らしい作品を作ったかをお話ししようと思います。

この能の創造に世阿弥という大天才が果たした役割は大変大きいのですが、世阿弥の父・観阿弥、子・元雅《もとまさ》*4、娘婿・金春禅竹《こんぱるぜんちく》*5、それに甥の音阿弥《おんあみ》*6、その子・信《のぶ》光《みつ》*7もまた、世阿弥と一味違った能を創造した天才であったと思います。この十五回の授業では、その作品とともに天才たちの生き様を語ってゆこうと思います。

観阿弥と世阿弥

世阿弥は『風姿花伝《ふうしかでん》』*8において父・観阿弥を賞《ほ》め讃えていますが、観阿弥と世阿弥の作品はかなり違うのです。正反対と言ってもよいかも知れません。

観阿弥は伊賀《いが》の出身です。昔から彼が伊賀の生まれであるという伝承を疑う人はいなかったのですが、最近の能楽界の通説は伊賀説を疑って、大和説が定着しています。つまり観阿弥から故郷を奪ってしまったのです。

このように故郷を奪ったら、生きたその人間を論ずることは不可能です。今までの観阿弥論は、故郷を奪われた骸骨の生涯を論じたようなものです。この点については『うつぼ舟Ⅱ　観阿弥と正成《まさしげ》』（角川学芸出版）をぜひお読みください。そちらに詳しく書きましたので、今回はこの点については触れません。

観阿弥の能は「劇能《げきのう》*9」です。劇能というのは西洋の演劇と同じく、事件が徐々に展開していくものです。

しかるに世阿弥の大成した「複式夢幻能《ふくしきむげんのう》」というものは、劇能とは全く違います。前場《まえば》*10でワキ*11が、多くは旅の僧ですが、そのワキが由緒ある土地を訪ねるとそこに曰《いわ》くありげな里人が登場します。この里人がシテ、即ち主人公です。そのシテの里人は、自分は故人《こじん》に縁《ゆかり》のある人間であるとワキに語って姿を消します。実は里人がその故人なのです。

後場《のちば》でシテは本性を現わし、怨霊となって昔の恨みを語り、ワキはその怨霊を懸命に鎮魂します。そして夜が終わり、明け方になるとシテの怨霊は姿を消します。

それは現《うつつ》か夢かわからない、というのが「複式夢幻能」です。

この「複式夢幻能」は現在から過去へ遡る「追憶の劇」と言うべきもので、事件を追って展開する劇能ではありません。時間が逆戻りする劇であると言ってもよいかと思います。世阿弥は父・観阿弥を深く尊敬しながら、父と全く違った芸術を創り出したと言ってよいでしょう。

「自然居士」とは何か

観阿弥の劇能の最大傑作が「自然居士《じねんこじ》」です。今回の上演では「自然居士の謡」、つまり自己紹介の部分がありますが、今まではそこがカットされていました。昭和四十五年（一九七〇）に観世寿夫《かんぜひさお》師によって復活され、平成十一年（一九九九）、「橋の会」によって古演出による上演がなされました。そして平成十九年（二〇〇七）には大槻文藏《おおつきぶんぞう》師・天野文雄《あまのふみお》氏によって「自然居士の謡」は「説法」ではなく「自己紹介」なので、前回、説法台で行われた「謡」を橋掛《はしがか》り[*12]で謡うという新しい解釈によって演じられました。

私はこの「自然居士の謡」の部分を省いては、「自然居士」は理解できないと思います。この「謡」で、自然居士がどういう人間かがはっきり語られているからです。

まずシテの自然居士は「自分は天台の教え[*13]を継ぐ者である」と語ります。次に「我はもと隠遁国《いんとんこく》の民なり」と言います。これは大変重要な言葉で、能のワキの多くは「隠遁国の民」です。「隠遁国の民」とは必ずしも一つの宗派に属する僧ではなく、むしろ街に住む者であり、「物狂い」[*14]であります。ただ、法のためには身を捨てる覚悟を持っている民間の仏教者と言ってよいと思います。彼は、自らを「愚禿《ぐとく》」と名のった親鸞と同じような半僧半俗の身でした。

劇のストーリーを簡単に申しますと、自然居士が法を説こうと京は東山の雲居寺《うんごじ》の説法台に上《あが》ります。そこへ一人の少女がやって来て、両親の菩提《ぼだい》を弔ってもらうために小袖を奉納しようとします。ところがそこに、ワキの東国の人買いがやって来て、「この少女は実は自分が買った娘であるから」と言って、連れてゆきます。それを見てアイ[*15]の門前の男が助けようとするのですが、自然居士はそれを制して「私が説法をやめて助けにいく」と言います。そして「仏法は苦しんでいる人がいたならばそれを助けねばならぬ、という教えである。それ故、ここではその教えを実行しなければならない」と言って、人買いを追いかけます。大津の港で人買いの舟に追い着き、そこで誠に興味深い問答が展開されます。

自然居士は人買いの舟に乗り込み、「自分も東国まで連れていけ」と言います。人買いは困って「何か芸をすれば少女を返してもよい」と言います。そこで自然居士は見事な歌舞音曲《かぶおんぎょく》を行い、少女を連れ戻すのです。

これは僧の在り方を教えるものです。自然居士は狂言綺語《きょうげんきご》即ち歌舞音曲をもって人を救う菩薩《ぼさつ》であるといえます。まさに『法華経』[*16]で説かれる観世音菩薩の権化です。そして観阿弥もまた強い観音信者であることがその名前から示されるのです。自然居士＝観音菩薩＝「観阿弥の理想」と言ってよいかと思います。


ここに自然居士と人買いの間に虚々実々の問答があります。しかもその問答は思想的に違った立場に立つ両者の、それぞれ正当性のある主張の対立の問答です。このような思想的対立の問答は西洋の劇の本質です。

人買いは「人を買った以上それを返すことはないという俗の法がある」と自己の正当性を主張しますが、自然居士は「人が苦しんでいる以上はその人を自分の命をかけても助けなければならないという仏の法がある」と主張するのです。つまりこの問答は「俗の法」と「仏の法」との対立です。

このような対立の劇はギリシア悲劇の『アンティゴネー』にあります。『アンティゴネー』では、オイディプスの娘・アンティゴネーが、兄のポリュネイケスの埋葬を禁ずる国王・クレオーンの命令に反し、兄のために「国の法」を犯して埋葬を行います。アンティゴネーは国の法を破りますが、「家の法」に従って、兄の埋葬をするのです。しかし罪を犯して死んだ兄を葬ることは国の法としては許されません。そこに「国の法」と「家の法」の対立がある訳ですが、ヘーゲルはこれを弁証法的な対立であると高く評価しています。

ところが「自然居士」には「俗の法」と「仏の法」という、「国の法」と「家の法」の対立よりもっと重要な意味を持つ対立があり、その対立が、はなはだユーモラスな科白《せりふ》によって見事に表現されています。私は「自然居士」をギリシア悲劇やシェークスピア劇以上に思想を持った劇であると評価します。

狂言綺語と仏法

人買いは結局、自然居士に得意の歌舞を演じさせ、さんざんなぶりものにした上で、少女を返してやろうと言います。そこで自然居士は四つの舞を舞うわけですが、一つは「一つ松」の下《もと》での舞です。これは孤独な彼の精神を表わしたものでしょう。

そして次に「舟の起源」を語る曲舞《くせまい》*17を舞います。内容は中国の統一を行った黄《こう》帝《てい》が、臣下の貨狄《かてき》という者の知恵によって反逆者・蚩尤《しゆう》を滅ぼしたというものですが、おそらくこの「舟の起源」の物語「舟ぼめ」は川の民としての能役者に代々伝えられてきた話に違いありません。この「舟ぼめ」は同時に人買いの乗っている「舟ぼめ」にも通じ、自然居士は人買いの機嫌をとりながら秘かに少女を連れ出す機会を窺っているのです。

そして数珠《じゆず》をササラのように摺《す》って人買いに懇願するふりをします。さらに羯《かつ》鼓《こ》を打って「鼓の音は波の音だ」と言います。最後の言葉はこのようなものです。

地〽もとより鼓は、波の音、寄せては岸を、どうとは打ち、雨雲《あまぐも》迷ふ、鳴る神の、とどろとどろと、鳴る時は、降り来る雨は、はらはらはらと、小笹《おざさ》の竹の、簓《ささら》を擦《す》り、池の凍《こおり》の、とうとうと、鼓をまた打ち、簓をなほ擦り、狂言ながらも、法《のり》の道、今は菩提《ぼだい》の、岸に寄せ来る
地〽舟の中《うち》より、ていとうとうち連れて、ともに都に上《のぼ》りけり、ともに都に上りけり　（「自然居士」）

ここで「どう」とか「とどろとどろ」とか「はらはらはら」とか「とうとう」

など擬音《ぎおん》が多く使われています。最後に少女を連れて行く時の「ていとう」も擬音です。こういう擬音は一つの行動の連続を示すものです。つまり、波が少女をさらっていくように自然居士も巧みに少女を連れ出し、都へ帰るのです。「狂言ながらも、法の道、今は菩提の、岸に寄せ来る」という科白は、この劇がはっきりと救済劇であり、宗教劇であるということを示しています。

室町時代は鎌倉新仏教――浄土宗、禅宗、法華宗などの教えが民衆まで浸透した時代です。こういう時代に生み出された見事な救済劇・宗教劇、それが「自然居士」であると言えます。

◉周辺雑記　物語の寺

自然居士が説法をした寺・雲居寺は今はない。豊臣秀吉の妻・寧々《ねね》縁の寺・高台寺辺りにあったという。この寺には、天台宗・浄土宗・臨済宗が関わり、傾いた八坂の塔を復し、一条戻橋《いちじょうもどりばし》で父・三善清行《みよしきよつら》を生き返らせた浄蔵貴所《じょうぞうきしょ》が晩年暮らした寺でもある。浄蔵はここで入寂《にゅうじゃく》したという。

雲居寺にまつわる伝承はたくさんある。本尊の阿弥陀仏は、東大寺の大仏の半分の大きさであったが、やはり「大仏」と呼ばれて庶民に親しまれた。後にこの「大仏」は十念寺の御本尊となる。十念寺は、寺町通今出川上ル鶴山町にある。足利義教《あしかがよしのり》が後亀山天皇の皇子・真阿上人《しんな》のために建てた寺である。本尊の阿弥陀仏は、上人が義教に所望して雲居寺より移したという。その十念寺に伝わる縁起に「東山雲居寺というのは、叡山東塔の勧学院桂海律師の隠居寺であった。その建立の理由は、三井寺の梅若という稚児の菩提を弔うためであった」とあり、さらに「〝丈六の弥陀〟は、弘法大師の真作なり」という。雲居寺は、説教師のたむろする物語の寺であった。

＊1　囃子方　能の音楽・囃子を担当する人。能の基本楽器は笛・小鼓《こつづみ》・大鼓《おおつづみ》。これに太鼓《たいこ》が加わることがある。「はやし」という音《オン》は「生《は》やす」から来ている。「はやす」は「ふやす」に通じる。そして「ふやす→増《ふ》ゆ→冬」となり、冬という季節は、色々なものが増える「豊穣」の季節となった。それで冬祭、おそらく十一月の霜月の祭で、神の降臨を願って、太鼓を叩き、ササラを摺《す》り、拍子木《ひょうしぎ》を叩きと、音をたてて「神よ、はよはよ降りて来い」と「はやし」たことから「はやし」が音楽を奏でる意となった。

＊2　観阿弥（一三三三〜一三八四）　観世清次《かんぜきよつぐ》。南北朝時代の能役者。その出自については伊賀説、大和説がある。大和の結崎座《ゆうざき》に所属。観世大夫《かんぜだゆう》（第十時限＊1参照）として次

第に京へ進出。天授《てんじゅ》（永和《えいわ》）元年（一三七五）、京の今熊野《いまくまの》神社へ「翁」奉納。この折、将軍・足利義満（第二時限＊7参照）に、子の世阿弥（当時十二歳）とともに認められ、以後、観世座は将軍のお抱えとなる。至徳《しとく》元年（一三八四）、駿河の浅間神社《せんげんじんじゃ》での演能後、急死。五十二歳であった。観阿弥の代表作で現在に伝わる曲として、「自然居士」「卒都婆小町」「通小町」等がある。芸は田楽の一忠《いっちゅう》に学ぶところが多かったという。また曲舞《くせまい》（＊17参照）を能に採り入れた。

＊3　世阿弥（一三六三〜一四四三？）観世元清《かんぜもときよ》。室町時代前期の能役者。義満に寵愛されて、多くの知識人と出会う。その中でも、公家を代表する二条良基《にじょうよしもと》に愛され、「藤若」という稚児名を与えられる。父・観阿弥が大男だったのに対し、世阿弥は小柄で美童であったという。能作者、能芸論者として、作品、論考が多く残る。晩年、足利義教に疎んじられ、佐渡流罪となる。

＊4　元雅（？〜一四三二）観世元雅《かんぜもとまさ》。室町時代中期の能役者。通称、十郎。父・世阿弥の「夢幻能」と祖父・観阿弥の劇能の特徴をあわせ持つ能を創作。代表作「隅田川」。他に「弱法師《よろぼし》」「歌占《うたうら》」「盛久《もりひさ》」「朝長《ともなが》」「重衡《しげひら》（笠卒都婆）」「維盛《これもり》」「経盛《つねもり》」も元雅の作という。大和の越智《おち》を根拠地とした。若くして亡くなるが、その死の前に、吉野の天河《てんかわ》弁財天に尉面《じょうめん》を奉納している。この面《おもて》の材はクスノキ。

＊5　金春禅竹（一四〇五〜一四七〇頃？）室町時代中期の能役者。秦河勝《はたのかわかつ》直系の子孫という。金春流五十七世。金春流は現宗家・安明《やすあき》師で八十世となる。因みに観世は清和《きよかず》師で

二十六世。禅竹の代表作は「杜若《かきつばた》」「定家《ていか》」「芭蕉」であるが、この他にも「熊野《ゆや》」「楊貴妃」など名曲が数多くある。現在でも曲の評価は高く上演回数も多い。能芸論の方では中世の「神秘思想」ともいえる独自の世界を展開。『明宿《めいしゅく》（翁）集《しゅう》』では、能の翁を超えて日本の神々と仏教との「神仏習合」の関係を論じている。

*6 音阿弥（一三九八〜一四六七）　観世元重《かんぜもとしげ》。室町時代中期の能役者。通称、三郎。足利義教に愛された。引き続き義政の後援も受けた。一時、世阿弥の養子だったらしい。芸に優れたが、能作も芸論も残されていない。観阿弥・世阿弥に次いで三代目の観世大夫。

*7 信光（一四三五〜一五一六）　観世信光。室町時代中期から後期の能役者。音阿弥の第七子。通称、小次郎。大鼓《おおつづみ》の名人。ワキの名手であったとも伝えられる。能作は多く、三十曲を超える。脇能「玉井《たまのい》」、唐物「張良《ちょうりょう》」、晩年の作「遊行柳《ゆぎょうやなぎ》」等があるが、それ以上に、霊異な曲「紅葉狩《もみじがり》」や「舟弁慶《ふなべんけい》」が有名。現在も常に上演される。相国寺《しょうこくじ》の僧・景徐周麟《けいじょしゅうりん》（号・宜竹《ぎちく》）が書いた「観世小次郎信光画像讃《がぞうさん》」は、観世流のことばかりではなく能楽の歴史を知る上で、最重要資料。

*8 『風姿花伝』世阿弥の最初の最も重要な能芸論。父・観阿弥の教えを基に書かれた。「第四神儀《しんぎ》云《にいう》」では、能の起源が語られる。明治四十二年（一九〇九）、吉田東伍《よしだとうご》により初めて翻刻・公刊。

*9 劇能　本書では「現在能」と同意で用いられる。視点が日常にある劇。これに対する言葉が「夢幻能《むげんのう》」。但し、この「夢幻能」という言葉は新しいもので、大正十五年、佐成《さなり》

謙太郎《けんたろう》氏が「国文学ラヂオ講座」で「頼政」について、以下のように述べたことによる。「私はこのように、劇の主人公がワキの夢に現われてくるものを夢幻能と名づけ、従って『頼政』の如き脚色を複式夢幻能と申せばどうであろうかと思うのでございます」。

＊10　前場　いわゆる「複式夢幻能」では、前場と後場に場面が分かれる。前場では、後に怨霊の姿を現わす者が、里人や漁師の姿で、なぜ自分が死んだかを語り、〈中入り〉の後、本性を現わす。

＊11　ワキ　為手（シテ＝主人公）即ち「主」に対して「脇」という。「複式夢幻能」では、脇は前場で死者のシテの話を聞き、後場でシテの怨霊の鎮魂をする。

＊12　橋掛り　歌舞伎の花道に当たる。花道はもう一つの舞台、色々な出来事が起こる。花道では、本舞台の幕を降ろしてからの演技がある。例えば歌舞伎「熊谷陣谷《くまがいじんや》」の熊谷直実《くまがいなおざね》蓮生房《れんしょうぼう》は、最後に花道で「夢だ、夢だ」と語る。幕内の悲劇はあまりにも残酷で、〝夢〟としなくては、彼は生きてゆけない。花道は過去と現在を区切る。能も橋掛りを通って〈中入り〉した後、死者は本性を現わす。橋掛りは現在と過去の〝時間〟を区切る装置である。花道の最初は、霊の通る〝道〟であった。

＊13　天台の教え　中世の仏教者でまず叡山に登らぬ者はなかった。それほど天台の宗教（密教）は根本的な教えであった。それで叡山の麓には、天台の里坊とともに浄土宗・時宗・真宗の寺院が今も多くある。彼らは、割合自由に東山を往来していた。法然も、法然房と呼ばれ、宗祖というより、遊行僧《ゆぎようそう》のようであった。雲居寺で説経師として説経を

する自然居士という人も、そういう遁世者《とんぜもの》の一人であった。

*14 物狂い　今で言えば風流の人の意。〝狂〟とは、室町時代、文化であった。物に狂うとは、花を愛で、月を愛でることでもあった。

*15 アイ　狂言方の名。多く、在所の者（所の者・土地の男）として出る。二場物の能では前場と後場の間にある「間狂言《あいきようげん》」を勧める。前場で前シテが去った後に登場し、その曲の粗筋を語る。また「邯鄲《かんたん》」や「百万《ひやくまん》」のように、物語の重要な登場人物となる場合もある。

*16 「法華経」　大乗仏教の経典。日本では天台宗、日蓮宗が用いた。全二十八章。第二章の「方便品《ほうべんぼん》」は「三乗」即ち声聞《しようもん》・縁覚《えんがく》・菩薩《ぼさつ》（第十二時限*10参照）の教えを説く。「嘘も方便」という諺は、この「方便品」より出た。「乗」とは悟りに到達するための乗り物、即ち仏教そのものであり、具体的には仏典を言う。日本の観音信仰は「観音経」を用いるが、実は、この「観音経」は「法華経」の「観世音菩薩普門品《かんぜおんぼさつふもんぼん》」が独立してできた経典である。

*17 曲舞　南北朝時代から室町時代を通じて最も流行した芸能。舞々《まいまい》、舞とも言う。前期と後期に分かれる。前期のものはかなり花やかなもので、「年中行事絵巻」の祇園御霊会《ぎおんごりようえ》の舞車《まいぐるま》での姿が参考になる。観阿弥は、この前期の曲舞を「小歌風にやわらげ、能の中にクセとして採り入れた」といわれる。能のクセは、多く一曲の主題（テーマ）を託される、謡の聞かせどころ。クセに入るとシテは乱れた心情を吐露し、だんだんと変化《へんげ》し

てゆく。また本曲（「自然居士」）のように、一つの別の物語を挿入し、暗喩的展開を図る場合もある。

後期のものはほとんど舞わない。ささやかな所作が付いた「語り物」である。

◉第二時限

卒都婆小町《そとばこまち》　恋の乗り移り

◉作者　観阿弥／四番目物　老女物

◉登場人物と演者

シテ　小野小町（観世　清和）

　・面　檜垣女《ひがきおんな》

ワキ　高野山の僧（福王　茂十郎）

ワキツレ　従僧（福王　知登）

◉典拠　『玉造小町子壮衰書』

◉参考資料　謡曲「通小町」／『古今和歌集』／『小野小町集』

　今回皆さんに観ていただくのは「卒都婆小町《そとばこまち》」です。「卒都婆小町」が「自然《じねん》居士《こじ》」とともに、観阿弥《かんあみ》の最も優れた作品であることを否定する人はありません。「小野小町《おののこまち》伝承」を題材にした能は五曲あります。「卒都婆小町」「通小町《かよいこまち》」「関寺小町《せきでらこまち》」「鸚鵡小町《おうむこまち》」「草子洗小町《そうしあらいこまち》」です。そのうち「卒都婆小町」と「通小町」は観阿弥の作品と考えられ、「関寺小町」は間違いなく世阿弥《ぜあみ》の作品です。小野小町を主人公とした観阿弥の作品が二曲あることは、いかに観阿弥が小野小町に関心を持っていたかということを示しています。小野小町は、在原業平《ありわらのなりひら》が稀代の美男子であったように、稀代の美女として有名であり、しかも業平とともに和歌の名人です。夢にしか会えない人への、哀切極まりない恋の歌を残しています。

あの有名な、

　思ひつゝぬればや人のみえつらむ

夢としりせば覚めざらましを　（日本古典文学大系『古今和歌集』巻第十二恋歌二）

という歌をご存知の方も多いのではないでしょうか。

業平と小町の歌は『古今和歌集』に多く収められていますが、その歌は『古今集』の撰者である紀貫之《きのつらゆき》などの歌より、はるかに人の心を打ちます。ところがこの小町は落ちぶれて、衰老の姿を人目に晒《さら》します。このように乞食《こつじき》のように彷徨《さまよ》うかつての美女・小町の姿は、とりわけ人間の無常さを感じさせます。それで『玉造小町子壮衰書《たまつくりこまちしそうすいしょ》』という本が作られます。小町を題材とする能は、多くこの本が描くような、かつての絶世の美女にして歌の達人でありながら、衰老して落ちぶれた小町を主人公としています。

「通小町」の約束

「卒都婆小町」の話をする前に、それと深い関係があると思われる「通小町」の話を少し致します。「通小町」は古名を「四位少将《しいのしょうしょう》」といい、唱導師《しょうどうし》*1の原作と伝えられています。禅竹の祖父である金春権守《こんぱるごんのかみ》が、多武峰《とうのみね》で演じたといいます。それを観阿弥が改作したのです。

　粗筋《あらすじ》はまず、八瀬で夏安居《げあんご》*2をしているワキの僧が出て来て、「ここにどこからともなく毎日木の実や薪を運んで来る女がいるので、その住まいと名を尋ねよう」と言います。そしてワキがその女に尋ねると、ツレ*3の女は、自分は市原野に住む者ですと言い、小野小町であることをほのめかし、消えてしまいます。

　僧が市原野に訪ねてゆき、「南無《な む》幽霊《ゆうれい》成等正覚《じょうとうしょうがく》、出離生死頓証菩提《しゅつりしょうじとんしょうぼだい》」と小町の霊の成仏を祈ると、ツレの女は正体を現わして、「戒《かい》*4を授けて欲しい」と僧に頼みます。ところがそこへシテの深草少将《ふかくさのしょうしょう》の霊が出て来て、「戒を授けてはいけない」と言います。少将は、「小町も自分も今は邪淫《じゃいん》の罪で地獄に堕ちている、しかし小町と一緒だからまだ耐えられるが、自分一人になったらとても耐えられない。小町に戒を授けてはいけない」と言うのです。僧は「ともに戒を受けて仏道に入りなさい」と言いますが、深草少将は小町に対する深い執着を語ります。

　少将は「百夜通ったら思いを遂げてやろう」という小町の言葉に騙《だま》されて、雨の日も風の日も通います。そしてその満願の日、ふと「祝いの酒」のことが頭をよぎりますが、これはいけない、と「飲酒戒《おんじゅかい》」を保ちます。そのおかげで、ついに二人は悟りを得て、小町も深草少将もともに仏道に入ったというのです。飲酒戒を保ったのは、深草少将の意志で、僧は何もしていません。この深刻な能が、こんなに簡単な悟りによって終わるとは、まことに物足りない。能楽研究者の伊藤正義《いとうまさよし》氏も指摘するように、かつてあった文章が省かれてしまったのかもしれません。

「卒都婆小町」の問答

「卒都婆小町」はこのような恋に狂った深草少将の話を継承するものですが、恋の語りの前に大変興味深い問答があります。

「卒都婆小町」のワキは高野山の僧です。当時、高野山は隠遁《いんとん》の場として、清浄な僧の住む所でした。この僧もまた、清浄極まる僧です。

ワキ・ワキツレ〽生まれぬ前《さき》の身を知れば、生まれぬ前の身を知れば、憐《あわ》れむべき親《おや》もなし、親のなければわがために、心を留《と》むる子《こ》もなし、千里《ちさと》を行くも遠からず、野《の》に臥《ふ》し山に泊《と》まる身の、これぞまことの住みかなる、これぞまこ

との住みかなる
（「卒都婆小町」）

この僧は自然居士によく似ていますが、その思想は自然居士のように天台の思想ではなく真言の思想であることは、はなはだ重要です。いわば彼は平安仏教[*5]の思想を代表する存在としての僧なのです。

彼は高野山を下りて都に来ますが、そこで卒都婆の上に腰を下ろしている小野小町を見つけて、「卒都婆に腰かけるとはけしからん」と小町を責めます。そこで僧と小町の間に問答が展開されるのです。「自然居士」は「俗の法」と「仏の法」の対立が中心でした。ここでは「仏の法」同士の対立です。

一つは、すべて煩悩《ぼんのう》を離れ、清浄無垢の生活をすることこそ悟りであるという、どちらかというと平安仏教的な考えであり、もう一つは、煩悩の深い人間ほど悟りが近いという「煩悩即菩提《ぼんのうそくぼだい》」の、主として鎌倉仏教[*5]が主張してきた教えです。前者を僧が代表し、後者を小町が代表します。

そしてこの僧と小町の間に興味深い教理問答が行われます。僧は真言密教によって、「卒都婆は真言第一の祖・金剛薩埵《こんごうさった》が大日如来の誓願《せいがん》を表わすために現われたもので、『地水火風空』の五大を表わす五輪は、万物を構成する聖なるものである」と言います。ところが小町は、「自分もやはり五大から成る人間であり、一念発起すれば菩提心を起こすことができ、卒都婆の功徳《くどく》に劣るものではない」と主張します。これはまさに二つの仏教思想の見事な対立の問答です。

さらに僧は、「お前に菩提心があるなら、なぜ出家しないのか」と問います。それに対して小町は、「心が仏になるならば、形などはどうでもよいではないか」と答えます。「私は僧ではないが、心の中で深くこの世を厭《いと》っている」と言う小町に、僧は「心があれば、この卒都婆が仏体であることを知っているはずだ、それを知らないのは、お前に心がないからであろう」と責めます。

しかし小町は「私は仏体であると知ったから、卒都婆に近づいて卒都婆に腰をかけたのだ」と言います。僧は「それは順縁、即ち善いことによって仏になることではない」と言いますが、小町は「逆縁、即ち悪によって仏になるということではないか」と言い、次のような問答が行われます。

ワキツレ〽提婆《だいば》が悪も
シテ「観音《かんのん》の慈悲《じひ》
ワキ〽槃特《はんどく》が愚癡《ぐち》も

シテ「文殊《もんじゆ》の智恵《ちえ》

ワキツレ〽悪といふも

シテ〽善なり

ワキ〽煩悩《ぼんのう》といふも

シテ〽菩提《ぼだい》なり

ワキツレ〽菩提もと

シテ〽樹《うえき》にあらず

ワキ〽明鏡《みようきよう》また

シテ〽台《うてな》になし

（「同」）

これは天台本覚思想《てんだいほんがくしそう》*6の立場を示すものです。この問答において小町は僧に勝ち、僧は結局、地に頭を付けて三度、小町を礼拝《らいはい》します。この「卒都婆小町」の前半の「法と法との問答」は、平安仏教と鎌倉仏教との対立を示し、はなはだ興味深いものです。

深草少将、憑依

後半はがらりと変わります。僧は「あなたはどういう人か、名を名のって下さい」と言います。小町は名を名のって、かつて宮中において栄華をほしいままにした話をし、一転して老いて乞食となった惨めな有り様を語ります。

地〽今は路頭《ろとう》にさそらひ、往来《ゆきき》の人に物を乞《こ》ふ、乞ひ得ぬ時は悪心《あくしん》、また狂乱《きようらん》の心つきて、声変《こえか》はりけしからず　（「同」）

と言うと、突然に小町の声が変わり、小町に深草少将が乗り移ります。能は元々憑依《ひようい》の劇ですが、このように能に登場する人物が、急に別の人物に乗り移る話は、まことに珍しい。このような憑依は、「卒都婆小町」と「二人静《ふたりしずか》」ぐらいではないかと思います。

地〽行きては帰り、帰りては行き、一夜《ひとよ》二夜《ふたよ》三夜《みよ》四夜《よよ》、七夜《ななよ》八夜《やよ》九夜《ここのよ》、とよの

明《あか》りの節会《せちえ》にも、逢はでぞ通《かよ》ふにはとりの、時《とき》をも変へず暁《あかつき》の、榻《しじ》の端書《はしが》き、百夜《ももよ》までと通ひて　九十九夜《くじゆうくよ》になりたり

シテ〽あら苦し目《め》まひや

地〽胸《むね》苦しやと悲しみて、一夜《ひとよ》を待たで死したりし、深草《ふかくさ》の少将の、その怨念《おんねん》が憑《つ》き添ひて、かやうに物には、狂《くる》はするぞや　（「同」）

こうして深草少将は「百夜通い」の九十九夜目に突然に死んだのです。これは男装の小町に乗り移った深草少将の怨霊の語るすさまじい恋と死の話ですが、この話を語った後、小町がどうなったのかよくわかりません。そして高野山の僧も全く置いてけぼりになっています。そして最後は、

地〽これにつけても後《のち》の世を、願《ねご》ふぞまことなりける、砂《いさご》を塔《とう》と重ねて、黄金《おうごん》の膚《はだえ》こまやかに、花を仏《ほとけ》に手向《たむ》けつつ、悟りの道に入《い》らうよ、悟りの道に入らうよ　（「同」）

この「砂を塔と重ねて」というのは、

乃至《ないし》、童子《どうじ》の戯れに　沙《すな》を聚《あつ》めて仏塔を為《つく》れる　かくの如き諸《もろもろ》の人等《ら》は　皆、
已《すで》に仏道を成《じょう》じたり。

（岩波文庫『法華経』上「方便品《ほうべんぼん》」）

という、「法華経」の「方便品」によっています。

結局、「卒都婆小町」では、このような仏によって悟りの道に入《はい》ろうということに留まっています。このラストシーンは、「通小町」と同じく尻切れとんぼのような気がするのです。そしてワキの僧もまた、世阿弥の「複式夢幻能」とは異なり、怨霊を鎮魂する役を全く果たしてはいません。観阿弥は深い仏教信者でありながら、人間に対しては絶望的な思想を持っていたのではないでしょうか。

観阿弥のレトリーク

観阿弥の能は、またそのレトリークも世阿弥とはずいぶん違います。

地〽車を作る、椎《しい》の木、車を作る、椎の木

シテ〽舟を作《さく》する、楊柳《ようりゅう》
地〽木《こ》の間《ま》になさん、槻《つき》の木
シテ〽それは秋立つ、桐《きり》の木
地〽君に齢《よわい》を、楪《ゆずりは》や
シテ〽千年《ちとせ》の松は、切るまじ
地〽名ははるの木の、枝ながら、花はなど、榊葉《さかきば》、これは神の、宿り木、恐れあり、切るまじ
（「金札」）

という「金札《きんさつ》」の「木尽くし」、

ツレ〽拾《ひろ》ふ木《こ》の実はなになにぞ
地〽拾ふ木の実はなになにぞ
ツレ〽いにしへ見慣れし、車に似たるは、嵐に脆《もろ》き落ち椎《じい》
地〽歌人《かじん》の家の木の実には
ツレ〽人丸《ひとまる》の垣《かき》ほの柿、山の辺《べ》のささ栗
地〽窓の梅

ツレ〽薗《その》の桃
ツレ〽花の名にある桜麻《さくらあさ》の、苧生《おう》の浦梨なほもあり、櫟香椎真手葉椎《いちいかしいまてばしい》、大小柑《かん》子《じ》金柑　あはれ昔の恋しきは、花橘《はなたちばな》のひと枝　花橘のひと枝　（「通小町」）

という「通小町」の「木の実尽くし」。こういった「物尽くし」は中世人に大変好まれたものです。また、

地〽頸《くび》に懸けたる袋には、いかなる物を入れたるぞ
シテ〽今日も命は知らねども、明日の飢《うえ》を助けんと、粟豆《ぞくとう》の餉《かれいい》を、袋に入れて持ちたるよ
地〽後《うしろ》に負へる袋には
シテ〽垢膩《くに》の垢《あか》づける衣あり
地〽臂《ひじ》に懸けたる簣《あじか》には
シテ〽白黒《はっこく》の慈姑《くわい》あり
地〽破れ簑
シテ〽破れ笠　（「卒都婆小町」）

という言葉は、『玉造小町子壮衰書』の文章によったものでしょうが、こういう衰老の姿は人の心を打つものです。おそらく南北朝の戦乱によって、人々は小町と同じような生活を経験したに違いありません。観阿弥にとっても決して他人事ではなかったのでしょう。足利義満[*7]のお抱えとなった世阿弥に対し、観阿弥は庶民の猿楽師でした。

なお、今回のこの曲には「一度之次第《いちどのしだい》」という「小書《こがき》」が付いています。かつては家元だけに許された特殊演出です。「一度之次第」というのは、本来この曲は、まずワキとワキツレの次第（内容を暗示する謡）から始まり、続いてシテの次第となります。そのワキとワキツレの次第を省き、「身はうきくさを誘ふ水」というシテの次第を第一声とします。そしてシテは舞台中央に置かれた卒都婆に見立てた鬘桶《かずらおけ》に向かってゆっくりと橋掛りを進みます。

今回のシテを務めた観世宗家・観世清和師は、わざわざ東京からこの大阪の地まで観世家伝来の鬘桶を持参されました。それは楠正成《くすのきまさしげ》公の愛用の床几《しょうぎ》で、漆塗りの蓋の表には楠正成の菊水の立派な紋が描かれています。清和師は「先生の『上嶋家文書《うえしまけもんじょ》』から読み解かれた観阿弥は正成の甥であるという論を読んで、我が家に伝えられる話と同じであることに心を強くし、正成の曼桶を持って参りました」とおっしゃいました。清和師は深く伝承を信じ、伝統を重んじる人です。宗家にはそういう不思議な伝承や書き物がたくさん伝わっています。それをまずは全部受け入れるというのが清和師の姿勢です。

◉周辺雑記　百歳の小町

小野小町の老衰の像のイメージは、本文にも述べられている奇書『玉造小町子壮衰書』による。そこで描かれる小町はあまりに無残である。なぜここまで、と思うほどにおとしめられている。その奇書の作者は空海（七七四〜八三五）。本の成立は平安時代中期から末期。時代が合わない。空海は「未来記」を書いたということになる。しかし庶民にはこの空海作『玉造小町子壮衰書』は信ぜられていた。そしておそらく観阿弥も、空海作と思ってこの書を読んだか、伝聞したか――現在「卒都婆小町」のワキは高野山の僧とあるが、この僧は実は空海ともいう。

京にはこの伝説を受けて、小野小町百歳像なるものがある。「通小町」の市原野の補陀洛寺《ふだらくじ》（通称「小町寺」）の「百歳像」、深草少将が通い続けた山科の小野随心院（伝、小野氏の氏寺）の「卒都婆小町座像」は不気味である。しかしその不気味さを通り越した「百歳像」がある。東福寺の塔頭で、小町の子孫という小野於通が、小町がもらった恋文で作った「玉章《たまずさ》地蔵」を祀る退耕庵にある「百歳像」。この非公開の小町像は「骸骨」であった。

＊1　唱導師　説経師が楽器を使ったり、踊ったりするのと違って、声の抑揚《よくよう》と節回しで法話を語った。天台の安居院《あぐい》澄憲法印《ちょうけんほういん》は平安時代末期から鎌倉初期にかけての名手。折口信《おりくちしの》夫《ぶ》は唱導と説経について「語る物語」を「説経」と言い、「語る人」を「唱導者」と言って、二つを区別していない。

＊2　夏安居　陰暦四月十六日から七月十五日の三か月、外出せず一室に籠もって修行すること。安居とは雨、雨期の意。梅雨の時期に行われるので、この名がある。それで「雨安《うあん》居《ご》」ともいう。

＊3　ツレ　シテに従う者をシテツレ、ワキに従う者をワキツレという。「砧《きぬた》」の夕霧《ゆうぎり》はシテツレ、「高砂《たかさご》」のワキの僧に従う若い僧はワキツレ。また「蟬丸《せみまる》」の蟬丸は、シテの逆《さか》髪《がみ》に対してツレであるが、重い存在なのでシテともされ、逆髪とともに両シテともいう。

＊4　戒　在家《ざいけ》の守るべき五つの戒は、「生きものを殺してはいけない」「盗みをしてはいけない」「性的犯罪をしてはいけない」「嘘をついてはいけない」「飲酒をしてはいけない」である。

＊5　平安仏教・鎌倉仏教　平安仏教は最澄の天台宗、空海の真言宗に代表される。天台は叡山に、真言は高野山に活動の拠点を置いた。つまり二宗とも山岳仏教である。そして二宗とも祈禱という呪的行為を中心に据えた。つまり「密教」である。しかし天台の僧の中から「浄土思想」を説く者が現われ（源信《げんしん》・空也《くうや》・千観《せんかん》等）、次の鎌倉仏教を生む。法然・親鸞・一遍・栄西・道元等である。この思想転換の元に、「天台本覚思想《てんだいほんがくしそう》」（＊6参照）への矛盾の追及があった。最初にその矛盾を指摘したのは道元であった。

＊6　天台本覚思想　初めて「草木に仏性あり」「草木成仏」と言ったのは中国の隋から唐代にかけて活躍した天台宗の僧・吉蔵《きちぞう》（五四九～六二三）で、『大乗玄論《だいじょうげんろん》』という著に書かれる。しかし「草木国土悉皆成仏《そうもくこくどしつかいじょうぶつ》」という言葉は「一仏成道観見法界《いちぶつじょうどうかんけんほうかい》、草木国土悉皆成仏」という成句の下の言葉であり、この〝成仏〟は草や木や土や石が成仏するためには、仏道に入り仏性を得なければならない、という条件付きの〝成仏〟である。この条件付きの〝成仏〟から「草木国土悉皆成仏」が一人歩きするのは、中世に入ってからのことと思われる。しかし中世に入っても「仏教書」から「草木国土悉皆成仏」の具体的な説明を得ることは難しい。この思想を具体的に教えてくれるものは能以外にないのである。因みに「中陰経《ちゅういんきょう》に云う」として、この成句を最初に文字にしたのは、平安初期の天台密教の大成者・安然《あんねん》（八四一～?）である。偽書「中陰経」は一体、誰によって作られたのか。しかしこの偽書は偽書にあって偽書にあらず、「原中陰経」の日本的「解釈書」である。

＊7　足利義満（一三五八～一四〇八）室町幕府三代将軍。南北朝の戦乱の中、四歳で播磨に逃れ、守護・赤松則祐《あかまつのりすけ》の保護を受ける。十歳で家督を継ぎ、翌年、元服、征夷大将軍となる。二十一歳、京都の北小路室町（現在の烏丸今出川北西）に「花の御所」を造営。禅の修行のために御所の東隣りに相国寺《しょうこくじ》を造営。義満と世阿弥が出会ったのは、義満十七歳、世阿弥十二歳の時。

◉第三時限

高砂《たかさご》　仲の良き老夫婦

◉作者　世阿弥／一番目物　男神物

◉登場人物と演者

前シテ　老翁（赤松　禎英）・面　小牛尉《こうしじょう》

後シテ　住吉明神（同）・面　神体《しんたい》

ツレ　姥（武富　康之）・面　姥《うば》

ワキ　阿蘇の神主友成（福王　知登）

ワキツレ　従者（山本　順三・喜多　雅人）

アイ　高砂の浦人（善竹　忠重）

◉典拠　「古今和歌集序聞書三流抄」（片桐洋一『中世古今集注釈書解題　二』所収）

◉参考資料　『古今和歌集』「仮名序」／天野文雄『世阿弥がいた場所』

前二回で観阿弥《かんあみ》の能についてのお話をしました。今回から世阿弥《ぜあみ》の能に入ります。

優れた芸術家を親に持つ子は、自己の芸術を確立するために人一倍の苦労が必要です。世阿弥は、父・観阿弥以外の当時の優れた能も学び、その曲に手を入れていますが、それは自分の能を作るための苦心の策であると思います。

世阿弥は大変長命でしたので、その曲は、その人生同様、変化に富んでいます。世阿弥は貞治《じょうじ》二年（正平《しょうへい》十八年／一三六三）に生まれ、嘉吉《かきつ》三年（一四四三）に八十一歳で没したと考えられますが、その間、彼はおそらく十代で作品を作り始め、死の間際までその創作活動は続いたと思われます。すると六十数年の作家活動の中で、世阿弥の作風に変化があったと考えるのが自然ではないでしょうか。

しかも時代背景を見ますと南北朝の動乱の時代で、時の将軍は、足利義満《よしみつ》・義持《よしもち》*1・義教《よしのり》*2と三代にわたっています。時の権力者との関係によって世阿弥の作風が変化するということは十分あり得るのではないでしょうか。

近現代文学を見ても、例えば夏目漱石の場合、明治三十八・三十九年（一九〇五・〇六）に発表した『吾輩は猫である』『坊っちゃん』と、大正に入って発表された『こゝろ』『明暗』とではかなり作風が異なります。また川端康成で言えば、初期の『伊豆の踊子』『浅草紅団《あさくさくれないだん》』と中期の『雪国』、後期の『眠れる美女』ではやはりその作風は大きく変化しています。

このように見ると世阿弥の作品を分析する時、少なくとも前期・中期・後期に分けて見てゆくことが必要かと思われますが、今回はそれについて詳しく論ずることはいたしません。

世阿弥は『風姿花伝』において、「物まね」についての心得として能を「九体」に分けましたが、それ以降、「二曲三体論」*3を展開します。「二曲」とは舞と歌、「三体」とは「老体」「女体」「軍体」です。

以後、能はこの世阿弥の「三体」論から発展し、現在は五番に分類されています。一番目物を脇能《わきのう》、二番目物を修羅《しゅら》能、三番目物を鬘《かづら》能、四番目物を物狂い能、五番目物を鬼能とします。

脇能とは何か

さて、今回は世阿弥のいう「老体」即ち脇能の代表作として「高砂《たかさご》」を取り上げます。

脇能については、能楽研究者の天野文雄氏に優れた論文があります。脇能は天皇の長寿とその御代《みよ》の安泰を祈るものですが、実は時の将軍の長寿・国家の安泰を祈るものでもあると天野氏は論じます。脇能は観阿弥の「金札《きんさつ》」に始まり、世阿弥によって「高砂」「老松《おいまつ》」「養老《ようろう》」「弓八幡《ゆみやわた》」などの多くの曲が作られました。この脇能とは、翁舞《おきなまい》の次、即ち脇に演ぜられたので、この名があります。

翁舞が始まりますと、シテの翁が正面客席に向かって深々と頭を下げます。かつてはこの「正面」には将軍が座っていたと思われます。そして翁舞はまず千歳《せんざい》が、次に翁が、最後に三番叟《さんばそう》が貴人の長寿を祈り、国家安泰を願って舞います。

私は、翁は私たちの祖先神で、千歳は今現在生きている人間で、三番叟は何らかの原因で世を恨んでいる者であると考えます。世を恨んでいる霊が、この世を支配する貴人の長寿と国家安泰を願うことによって、世は全くの平和になります。

これについては『うつぼ舟Ⅰ　翁と河勝』(角川学芸出版)で詳しく論じています。

「高砂」は脇能の代表です。今でも「高砂」の謡は結婚式や祭礼でよく謡われます。

「高砂」では、前場《まえば》においてまず、ワキとして九州、肥後国阿蘇《ひごのくにあそ》の宮の神主・友《とも》成《なり》が従者を連れて登場します。友成は九州からやって来て、播磨国《はりまのくに》の高砂に着きます。すると、翁と媼《おうな》が熊手(さらえ)と箒(杉箒)を持って登場し、次のように語ります。

シテ・ツレ〽所《ところ》は高砂の、所は高砂の、尾上《おのえ》の松も年古《ふ》りて、老《おい》の波も寄り来るや、木《こ》の下蔭《したかげ》の落葉《おちば》かく、なるまで命ながらへて、なほいつまでかいきのまつ、それも久しき名所かな、それも久しき名所かな　(「高砂」)

そしてワキの友成とシテの翁の問答となり、シテの翁は「実は私はこの地の者ではなく、摂津国住吉《せっつのくにすみよし》の者で、この媼は高砂の者です」と言います。そこでワキは「あなた方は夫婦のはずなのに、離れて住むとはどういうわけですか」と尋ねます。すると翁と媼は「高砂の松、住《すみ》ノ江《え》（住吉）の松は、心を持たない植物であるのに〝相生《あいおい》〟の松と呼ばれるのですから、私たち夫婦が高砂と住吉とに離れて暮らしていても心が通うので少しも距離は感じないのです」と答えます。

また、翁と媼は不思議なことを語ります。「実は高砂というのは『万葉集』で、住吉というのは『古今集』である」というのです。このような解釈は中世文学の研究者・片桐洋一《かたぎりよういち》氏が「古今和歌集序聞書三流抄《こきんわかしゅうじょききがきさんりゅうしょう》」と名付けた中世の『古今和歌集』の注釈書によるものです。


高砂住吉《たかさごすみのえ》ノ松モ相生《あいおい》ノ様《よう》ニ覚ヘテト云事《いうこと》ニ二義《にぎ》アリ。一《ひとつ》ニハ高砂モ松ノ名所也《なり》。住江《すみのえ》モ松ノ名所也。カレ、是《こ》ノ松ノ一ツニ生合《おいあい》タルガ如《ごと》クニ、今此道《このみち》ノ栄ヘタル事有《あり》ト云《い》ヘリ。

問《とう》、高砂ハ播磨《はりま》、住吉ハ摂津国、其間《そのかん》三日路也。彼松《かのまつ》何ゾ生合《おいあう》事有《あ》ラン、不《ふ》審《しん》。

答云《こたえていう》、実《まこと》ニハ、是実義《じつぎ》ニ非《あら》ズ。序ノ作リモノトテ、家ニ習フコトアリ。高砂トハ、上古《じょうこ》ノ桓武《かんむ》・平城《へいぜい》等ノ万葉ヲ撰《せん》ジ玉《たま》ヒテ、哥《うた》ノ道ヲ盛ンニセシメ玉フ事ヲ云。住ノ江トハ、今世ニ御座ス延喜《えんぎ》ノ御門《みかど》、躬恒《みつね》・貫之《つらゆき》等ヲ召《めし》テ、古今ヲ撰ジ、哥道《かどう》ヲ盛ニシ玉フ事ヲ云也。松トハ、松ノ葉ノ久シキガ如《ごとく》ニ和歌ノ久シキヲ云。相生ノヤウニ覚《おぼ》ユトハ、彼上代《かのじょうだい》ノ御時ト今ノ延喜ノ御門ノ御時ト此道ヲ賞スル事相同ジクオボユルト云義也《いうぎなり》。

（片桐洋一『中世古今集注釈書解題二』「古今和歌集序聞書三流抄」）

能「高砂」では神の化身である翁と媼は松の精即ち「非情のもの」として登場します。そして歌道を盛んにするために、『万葉集』は高砂の松の精即ち媼、『古今集』は住ノ江の松の精即ち翁として現われ、『古今集』が撰せられた延喜の帝・醍醐天皇の御代を寿《ことほ》ぐのです。

地〽四海《しかい》波静かにて、国も治まるときつかぜ、枝を鳴らさぬ御代なれや、逢《あ》ひにあひおいの、松こそめでたかりけれ、げにや仰ぎても、事もおろかやかかる世に、住《す》める民とて豊かなる、君の恵みぞありがたき、君の恵みぞありがたき

（「高砂」）

歌の呪力・歌の呪術

さらに翁と媼は、藤原長能《ふじわらのながとう》*4の言葉を引きます。「三流抄」にあるその言葉とは、以下のようなものです。

又問《またとう》、五行具足《ごぎようぐそく》スル事、有情《うじよう》ノミニ非《あら》ズ。草木塵沙《そうもくじんじや》、皆《みな》五行具足ノ躰詞也《ていことばなり》。其上《そのうえ》長能之私記ニ云《いう》、和歌ハ是《これ》五行躰《てい》、詞ニ書ヲ躰《てい》トシ、心ヲ知ルヲ徳トス。春ノ林ノ東風《とうふう》ニ動キ、秋ノ虫ノ北露《ほくろ》ニ啼《なく》モ、皆、是《これ》、哥《うた》ト見ヘタリ。和歌ノ躰《てい》也ト云。サレバ、有情非情《うじようひじよう》トモニ、其声皆哥《そのこえみなうた》ト見ヘタリ。何ゾ、必《かならず》、生《いき》トシイケル者ノ声、皆、哥ト云哉《いうか》。

（「三流抄」）

これが世阿弥の手になると次のような科白になります。

地〽しかるに長能《ちようのう》が言葉にも、有情非情《うじようひじよう》のその声、みな歌に洩《も》るる事なし、草《そう》木土砂《もくどしや》風声水音《ふうせいすいおん》まで、万物《ばんぶつ》の籠《こ》もる心あり、春の林の、東風《とうふう》に動き秋の虫の、北露《ほくろ》に鳴くも、みな和歌の姿ならずや、中にもこの松は、万木《ばんぼく》に勝《すぐ》れて、十八《しゅうはっ》公《こう》のよそほひ、千秋《せんしゅう》の緑をなして、古今《ここん》の色を見ず、始皇《しこう》のおん爵《しゃく》に、預《あず》かるほどの木なりとて、異国にも、本朝《ほんちょう》にも、万民これを賞翫《しょうかん》す

シテ〽高砂の、尾上《おのえ》の鐘の音《おと》すなり

地〽暁《あかつき》かけて、霜は置けども松が枝の、葉色《はいろ》は同じ深緑《ふかみどり》、立ち寄る蔭《かげ》のあさいふに、掻《か》けども落葉の尽《つ》きせぬは、まことなり松の葉の、散り失《う》せずして色はなほ、まさきの葛《かずら》ながき世の、譬《たと》へなりける常磐木《ときわぎ》の、中にも名はたかさごの、まつだいの例《ためし》にも、あひおいの松ぞめでたき　（「高砂」）

つまり和歌は宇宙の声を詠うもので、鳥や虫もまた和歌を詠うというのです。

そして動物や植物もまた和歌を作るというのです。

その中でも松は「十八公《じゅうはちこう》」という高い位を秦の始皇帝から与えられた植物の長です。さらに松は樹木の中でも、長寿の木で、とりわけ縁起の良い木なのです。「常磐木《ときわぎ》」といって、いつまでも緑の色が変わることはないのです。

そして、この翁と媼は、

地〽わが大君《おおきみ》の国なれば、いつまでも君が代に、すみよしにまづ行きて、あれにて待ち申さんと、いふなみの汀《みぎわ》なる、海士《あま》の小舟《おぶね》に打ち乗りて、追風《おいかぜ》にまかせつつ、沖の方《かた》に出でにけりや、沖の方に出でにけり（「同」）

という科白の後、舟に乗って、高砂から住吉へ行ってしまうのです。それでワキは、アイの「所の者」に高砂の土地の由来を聞き、自分たちも住吉へ行こうと舟に乗ります。その文句があの有名な、

ワキ・ワキツレ〽高砂や、この浦舟《うらぶね》に帆《ほ》を上げて、この浦舟に帆を上げて、月もろともにいでしほの、波のあはぢの島影や、遠くなるをの沖過ぎて、はや住吉《すみのえ》に着きにけり、はや住吉に着きにけり（「同」）

という言葉です。このように、シテやワキが舟に乗って移動することなど、他に類例がありません。これは「複式夢幻能」というものがまだ未完成であった頃の世阿弥の初期の作であることを示しています。ただ天野氏はワキの実在をもって、おそらく応永三十年（一四二三）頃、世阿弥六十歳前後の作であろうとされ

ています。

後場《のちば》になると、住吉大明神《すみよしだいみょうじん》として翁が一人で登場します。そして最後に、

地〽ありがたの影向《ようごう》や、ありがたの影向や、月すみよしの神遊《かみあそび》、御《み》影《かげ》を拝むあらたさよ
シテ〽げにさまざまの舞姫《まいびめ》の、声も澄むなり住吉の、松影も映《うつ》るなる、青海波《せいがいは》とはこれやらん
地〽神と君との道直《すぐ》に、都の春に行《ゆ》くべくは
シテ〽それぞ還城楽《げんじょうらく》の舞
地〽さて万歳《ばんぜい》の
シテ〽小《お》忌衣《みごろも》
地〽さす腕《かいな》には、悪魔を払《はら》ひ、納むる手には、寿福《じゅふく》を抱き、千秋楽《せんしゅうらく》は民を撫《な》で、万歳楽《まんざいらく》には命を延《の》ぶ、相生《あいおい》の松風、颯々《さっさつ》の声ぞ楽しむ、颯々の声ぞ楽しむ　（「同」）

と、めでたい舞楽の名前を挙げ、それによって、住吉の神は貴人の長寿を祈り、

国家の安泰を祈り、世が平和に治まることを願うのです。

長寿を祈る能

「高砂」は貴人の長寿を祈る能であることは間違いありません。松はまさに、長寿の木です。私など、年寄りの夫婦は「老《おい》の波の寄り来るや……」という言葉は、胸にこたえます。翁と媼は、生物としていちばん大切な生殖の務めを果たして、いわば元・男と元・女であるのです。その翁と媼が二人寄り添って、あとどれだけ生きられるか心配しながら仲良くしているのは、大変良いことであります。

それ故に、「高砂」が結婚式で「夫婦仲良くいつまでも」と願い、謡われるのは至極当然のことで、その意味でも「高砂」は長寿を祝う能であると言えます。

しかしちょっと気になることがあります。それは、なぜ後場に媼が出ず、翁だけが登場するのか、という点です。その理由は翁が実はその御正体《みしょうたい》、住吉大明神というところにあります。住吉大明神は言わずと知れた歌の神であります。歌神《か》しん・住吉大明神が歌という呪物《じゅぶつ》によって貴人の御代を讃えるという祝言《しゅうげん》が後場の一つの意味であろうと私は考えます。

「三流抄」には以下のようにあります。

文徳天皇《もんとくてんのう》、天安《てんあん》元年正月廿八日ニ住吉行幸アリ。此時、業平《なりひら》御伴ニ参ル時、玉壇ニ跪《ひざまづき》テ社頭《しやとう》ヲ礼シ奉リシニ、魂、天ニカケリ、恵風《けいふう》心ニ涼シ。此時、一首ヲヨミテ大明神ニ奉ル。

吾《われ》ミテモ久シク成《なり》ヌ住吉ノ岸ノ姫松イク世経《へ》ヌラン

此時、業平廿五歳也。此時、明神玉ノトボソ（扉）ヲ押開キ、赤衣《あかごろも》ノ童子《どうじ》ト現ジテ、御返歌、

ムツマシト君ハ白波ミヅガキノヒサシキ代ヨリ頌《いわい》ソメテキ（「三流抄」）

歌神・住吉大明神は、『古今集』『伊勢物語』と深く関係しますので、「蟻通《ありどおし》」「雨月《うげつ》」「白楽天《はくらくてん》」など、他の曲にも多く登場します。特に「赤衣《あかごろも》の童子《どうじ》」として現《げん》じるというのは、翁の姿である住吉大明神が実は童子にも化身するということです。

「高砂」の翁と媼は、住吉の神と高砂の神ですが、同時に、その神が依代《よりしろ》として影向《ようごう》するのは住吉の松と高砂の松です。つまり依代《よりしろ》の松そのものでもあります。

「高砂」の正体

能には植物や動物や鉱物が人間として現われてくる例が多くあります。これは「草木国土悉皆成仏《そうもくこくどしっかいじょうぶつ》」といって、植物や動物や鉱物、気象もみな人間と同じく仏《ぶつ》性《しょう》を持つという天台本覚思想《てんだいほんがくしそう》の具体的表われです。この思想は観阿弥の能にはありませんでしたが、世阿弥の能にはよく見られ、また金春禅竹《こんぱるぜんちく》の能には最もよく表われます。世阿弥と禅竹は同じように、植物も動物も鉱物も、そして自然現象までもが霊性を持つとしますが、その思想は両者で少し違います。

このように、和歌は生きとし生けるものすべてが詠うものであり、ここが中国の詩などと異なる点であると世阿弥は考えています。先にも述べた世阿弥の曲「白楽天」では、この詩と歌の違いがはっきりと語られ、人間のみが詠う詩に対して、草木国土までが詠う和歌の方がより優れたものだと主張されています。これは日本の思想を語る上で、大変重要な思想であり、現在の人間中心主義の世界観を超えるには、はなはだ有効な思想です。

ちなみに能の曲には、植物・動物・鉱物をシテとした曲が多くあります。例えば「芭蕉《ばしょう》」「遊行柳《ゆぎょうやなぎ》」「胡蝶《こちょう》」「合浦《かっぽ》」「殺生石《せっしょうせき》」などです。

世阿弥は、「高砂の松は『万葉集』で、住吉の松は『古今集』である」という、中世の注釈書の論によって話を展開し、歌というものは国家の安泰を祈るものであり、この『万葉集』を表わす高砂の松と『古今集』を表わす住吉の松が夫婦として現われ延喜の御代、つまり醍醐天皇の御代を祝福したと言いますが、醍醐天皇の御代を祝福すると言いつつも、実は時の将軍・足利義満の御代を讃美しているに違いありません。因みに天野氏はワキ・友成を実在の人物と見て、時の将軍を義持としています。

私は、これは考えすぎかもしれませんが、高砂にはどこかに北朝の面影が、住吉には南朝の面影があるような気がします。南北朝統一こそ、義満の政治理想であり、世阿弥の父・観阿弥は「金札」を書き、伏見を根拠地とする北朝を讃え、その北朝を支えて、太平の世を現出した義満を斎部《いんべ》氏の祖・天太玉命《あめのふとだまのみこと》として讃えていると思います。

世阿弥もそのような父と同じく、南北朝を統一した義満を秘かにこの「高砂」で讃美したと思われるのです。こういう秘かなる意志は世阿弥や義満など少数の人にしかその真意はわからなかったと思いますが、脇能にはそのような祝福された貴人と祝福する能役者にしかわからない暗喩が含まれているのではないでしょうか。

世阿弥のレトリーク

世阿弥の能には和歌や漢詩に見られる修辞が多く用いられています。そこに他の能作者と違って、若くして二条良基《にじようよしもと》らに学んだ世阿弥の教養が表われています。

ワキ・ワキツレ〽旅衣《たびごろも》、末《すえ》はるばるの都路《みやこじ》を、末はるばるの都路を、けふ思ひ立つ浦の波、舟路のどけき春風の、幾日《いくか》来ぬらん後末《あとすえ》も、いさしらくものはるばると……　（「高砂」）

例えばこの部分では、歌によく用いられる歌語「旅衣」の「衣」という言葉から縁語《えんご》として「張《は》る」「裁《た》つ」などを導き、「はるばる」の「はる」から「春」を掛詞《かけことば》として導き出すという形で詞章が繋がってゆきます。

また、この「旅路をはるばるやって来てもう何日経ったろうか」という表現は『続拾遺和歌集《しょくしゅういわかしゅう》』の藤原家良《ふじわらのいえよし》の歌、

旅人の衣《ころも》の関のはるばると
都隔《へだ》てて幾日《いくか》来ぬらん

を元にしていると言われています。

このように脇能には将軍に仕える能作者の立場がはっきりと現われています。しかし世阿弥の能のすべてが、このような将軍を初めとした貴人を礼讃《らいさん》する能ではありません。全く逆の将軍・天皇批判の能も世阿弥は作っています。このような脇能を免罪符《めんざいふ》にして、世阿弥は結構、将軍や天皇など貴人のわがままを批判している能を作ることができたのでしょう。私は、河原者《かわらもの》*5という身分でありながら、時の最高権力者・足利義満の寵臣であったという矛盾に、佐渡流罪という、世阿弥晩年の悲劇の原因があったのではないかと思います。

◉周辺雑記　中世的解釈

「高砂」はとても神秘な曲である。普通に見てしまえば、老いた夫婦が、高砂の松・住吉の松の由緒を語り、長寿を祝う曲であり、特にストーリーらしいものはない。もちろん脇能であるから後シテの住吉明神の崇高さを見ればそれでいいのかもしれない。

しかしこの曲には、「秘説として存在した古今集の中世的理解」が根底にあるという。その理解というのは「生きとし生けるもの、それは草木も土砂も、風の声も水の音も……みな〝歌の姿〟である」というもの（伊藤正義）。老夫婦は松の精である。同時に、嫗は実は『万葉集』の、翁は『古今集』の化身という「二重構造」である。

後シテの住吉明神は歌の神として登場する。そして「高砂」の背後には、和歌の伝授という秘事があるという。こうなると、「高砂」は、何と難しい曲か、ということになるが、こういう和歌に対する特別の思い入れに立った「中世的解釈」を世阿弥が持っていたということは知っておかなくてはならない。

＊1　（足利）義持（一三八六〜一四二八）室町幕府四代将軍。田楽能《でんがくのう》の増阿弥《ぞうあみ》を寵愛した。

世阿弥は二番手に付けていた。義持時代に世阿弥は多くの能芸論を書いている。世阿弥は義満に寵愛された美童としての役者時代を経て、義持時代には能作、能理論作りに集中したと考えられる。

＊2　（足利）義教（一三九四〜一四四一）　室町幕府六代将軍。義持の同母弟。将軍になる以前から音阿弥《おんあみ》を贔屓《ひいき》にした。嘉吉元年（一四四一）、赤松邸で暗殺された。その時、宴席では音阿弥によって「鵜羽《うのは》」が演ぜられていた。

＊3　「二曲三体論」と「五番立て」　世阿弥の「二曲三体」を基として現在の「五番立て」分類は生まれた。「二曲」は、舞と歌。「三体」は「老体」「女体」「軍体」。以下、世阿弥の『三道』によってその〝風体《ふうてい》〟を考える。

「老体」は多くは神能（脇能）であるが、「実盛」や「頼政」は「軍体」であるとともに「老体」でもある。「女体」に関しては「舞歌の本風たり」とあるので、「舞」に焦点を合わせた曲であり、その舞い手は美女の霊であったり、草木の精であったりする（時代は下るが、植物の精が老体である信光作の「遊行柳《ゆぎょうやなぎ》」は、舞が中心となるので、分類上は「舞歌の本風たり」に入る）。「軍体」は「修羅がかりの早節《はやぶし》にて入るべし。人体によりて、怒りてよかるべきもあるべし」とあるように、「修羅」と「鬼（怒りて……）」が入る。「物狂い」は、「軍体の末風、砕動《さいどう》の態風なり」と言うから、修羅的要素も、鬼的要素も入っていることになる。鬼に関しては、人間の心を持った鬼である「砕動風《さいどうふう》鬼《き》」の〝鬼〟、形も心も鬼となった「力動風鬼《りきどうふうき》」の〝鬼〟の二種に分ける。

世阿弥は『三道』で、「老体」「女体」「軍体」「遊狂」「砕動風」の曲を具体的に挙げている。一曲ずつその代表曲を挙げる。「高砂」「卒都婆小町《そとばこまち》」「清経」「自然居士《じねんこじ》」「恋《こいの》重荷《おもに》」。因みに、『申楽談儀《さるがくだんぎ》』には「脇能」「修羅」「女能」「物に狂ふ能」「鬼の能」など「五番立て」に近い言葉がある。

＊4
藤原長能（九四九？〜？）平安中期の歌人。上総介《かずさのすけ》などを経て従五位上伊賀守に至る。花山天皇の側近として仕える。『拾遺和歌集』の編者か。僧・能因《のういん》の和歌の師であった。『拾遺集』以下の勅撰集に五十二首が入集。中世の注釈書にはしばしば「『長能之私記《ちょうのうのしき》』に云う」として、奇妙な話が書かれる。実際に、『長能之私記』によっているのか定かではないが、その内容は、天台本覚思想を表わすものである。ただ『長能之私記』そのものは今に伝わらない。謡曲や中世の注釈書の中に残るのみである。

＊5
河原者　かつて神仏と深く関わり呪術的な行為をもって遊行《ゆぎょう》した神人《じにん》。しかし、神が零落したのと同じように、彼らも社会的に卑しめられていった。河原者の名は居住地が河原であったため。河原はどこにでもある解放区であり同時に、肥沃な土地でもあった。そこでは草木が豊かに生い、換品植物としての竹も繁茂した。彼らは昔話「かぐや姫」の竹伐《き》り翁のごとく竹を伐り、竹細工をした。また彼等は河原で芸能を催し、それによって河原は聖なる場となった。細工（もの作り）、芸能（遊部《あそびべ》→葬送儀礼）から、目利き・立花・茶道・書道等をよくする文化人が育った。足利義政の寵愛した善阿弥《ぜんあみ》も河原者であり、庭師であった。彼等の仕事のひとつに、動物の解体があったが、これは皮を

剝ぎ取る行為だけに終わらず、牛の腹から「牛黄《ごおう》」という生薬を得るなど、解体の術は現在の外科医の技に繫がる。彼等の中から薬剤を調合する者・薬師《くすし》や医師という科学者が出た。これは、例えば病を治すといった、彼等の本来の呪術者としての能力と通じている。「カワラ」の音《オン》に「香春」を当てることがある。

◉第四時限

清経《きよつね》　戦線離脱者の恋

◉作者　世阿弥／二番目物　公達物

◉登場人物と演者

シテ　平清経の霊（上田　拓司）

・面　中将《ちゆうじよう》

ツレ　清経の妻（寺澤　幸祐）

・面　小面《こおもて》

ワキ　淡津三郎（江崎　金治郎）

◉典拠　『平家物語』巻第八「太宰府落」／

『源平盛衰記』巻第三十三「清経入海の事」

◉参考資料　『八幡宇佐宮御託宣集』

前回は脇能《わきのう》、即ち現在の「五番立て」という分類で言うところの一番目物の「高砂」のお話をいたしました。今回は世阿弥《ぜあみ》の作った「軍体」の能、即ち修羅能の中から「清経《きよつね》」を選んでそのお話をいたします。

世阿弥は『平家物語』を題材として、能をたくさん作っています。「敦盛《あつもり》」「忠度《ただのり》」「清経」「実盛《さねもり》」「頼政《よりまさ》」「八島《やしま》」などがその代表的作品です。このように『平家物語』を題材に能を作ったのは世阿弥が最初であると、能楽研究者の能勢朝次《のせあさじ》氏は言います。

『平家物語』は源氏と平氏の存亡を賭けた戦いの物語ですが、この源平の戦いよりもっと規模が大きく、もっと残虐な戦いが世阿弥の時代にありました。それは南北朝の戦いです。その南北朝の戦いを描いたものが『太平記』です。

『太平記』を読んでみると、その戦いは、初めは王朝政治を復活させようとする京都の後醍醐天皇と、鎌倉幕府即ち執権北条氏との戦いでありました。しかし後醍醐天皇の「建武《けんむ》の中興《ちゅうこう》」は失敗し、やがて後醍醐天皇と北条氏に取って代わった足利氏との戦いになります。さらにその後、皇室も南朝、北朝に分かれ足利氏も内部分裂して何ら大義名分のない残酷な大量殺戮《さつりく》の戦いになります。

このような大義名分なき戦いを描く『太平記』には『平家物語』のような滅びゆく者を弔う哀悼《あいとう》のリリシズムはなく、ただ馬鹿げた殺し合いをする人間を笑うのみです。『太平記』は狂歌《きょうか》*1をたくさん載せます。これはこの非合理な時代をただ笑いとばすより仕方がなかったからでしょう。

観阿弥や世阿弥はこのような「南北朝」の時代を生きてきたので、当然、南北朝の武将たちをシテとする能を作ってもよいと思われるのですが、そういう能を二人はほとんど作っていません。同時代を描くことは足利将軍にたてつくことになると考えたからに違いありません。それで、同時代を避けて一時代前の源平時代のこととした訳です。これは例えば歌舞伎『仮名手本忠臣蔵《かなでほんちゅうしんぐら》』が江戸時代の赤穂浪士の討入りの事件を一時代前の室町時代のこととして描いたのと似ています。

世阿弥は『三道《さんどう》』で、

源平の名将の人体の本説《ほんぜつ》ならば、ことに〳〵平家の物語のまゝに書《かく》べし。

（日本思想大系『世阿弥　禅竹』『三道』）

と、『平家物語』の話をそのまま「能」に作れと言っています。ですから世阿弥は、ほぼ『平家物語』の筋に従って能を作ったに違いありません。しかしその人物の選び方に彼の思想があるのです。

敦盛・忠度は平家の若き武将です。みな文化人としては優れているのですが、武将としては特に勇ましい人物とは言えません。そしてその死において音曲や和歌に志を託し、誠に優雅な死に方をします。

実盛は平氏で頼政は源氏です。この二人の老武将も最期に老い木に花を咲かせるように誠に優美に死にます。

「八島」の義経は源氏で強い武将でしたが、結局兄・頼朝に追われ衣川《ころもがわ》で自刃《じじん》します。「八島」で描かれる義経は強い武将ではなく、自分の落とした弓が敵に見つかることを恐れて、必死の態《てい》で拾おうとする小心な武将として描かれています。義経もまた、平家の武将と同じく空しく死んで怨霊となった人間なのです。

清経は『平家物語』において実盛・敦盛などと比べてみてもまことに頼りない武将で、戦線を離脱して自殺した「弱虫」と言ってもよい武将だと思います。清経は平重盛《たいらのしげもり》の三男ですが、重盛自体がどちらかというと反戦的な思想を持っていて、重盛の死後、その息子たちは叔父の宗盛《むねもり》を総大将とする平家軍では異端者のような存在になっています。清経は、平家の軍において最初の戦線脱落者であり自殺者です。

『平家物語』やその異本『源平盛衰記《げんぺいじょうすいき》』では清経は妻に形見の髪を残してきたこと、西海で入水《じゅすい》したということが語られています。そして妻は、夫の残した形見の髪を戦場にいる夫のもとに返したとあります。

この髪を返した理由を『盛衰記』では、妻は清経と一緒に行きたいと頼んだのに、妻の父母が大いに怒って許さなかった。それでやむなく清経は鬢《びん》の髪を切って「いずれ便りをする」と言って出立したのですが、三年経っても音信がないので妻は夫が心変わりをしたと思ってその形見の髪を送り返したとあります。

このような『平家物語』や『源平盛衰記』のわずかな記事から世阿弥はこの「清経」という見事な能を作り出します。

形見の髪・宇佐の神

能「清経」の登場人物はシテの清経の霊、ツレの清経の妻、ワキの淡津《あわづ》の三郎の三人です。清経は幽霊となって妻の夢に現われ、なぜ入水したのかを語ります。それは、妻にとって、夢か現《うつつ》か、という「夢幻」の世界です。「清経」は「複式夢幻能」のように前場《まえば》・後場《のちば》に分かれていませんが、「複式夢幻能」の発生の秘密を解くことのできる能と言っていいかも知れません。

能「清経」では、清経の入水後、淡津の三郎という『平家物語』や『源平盛衰記』には登場しない清経の家来が、清経が形見として残したという鬢の髪を持って京都の清経の妻を訪問するところから始まります。この髪は、先に述べた本説の『平家物語』や『源平盛衰記』では清経が別れ際に渡したことになっていましたが、能では死ぬ前に船中に残した髪を淡津の三郎が見付けて持って来たということになるのです。妻は淡津の三郎が来たという知らせに「ああ、めずらしい人が来た。何のために来たのか」と尋ねます。淡津の三郎は答えようがなく、さめざめと泣くのです。その涙に妻は「先日、元気だという知らせを聞きましたが、ひょっとしたら夫は出家したのですか」と問います。淡津の三郎は「殿はお元気だったのですが、雑兵《ぞうひょう》の手にかかって死ぬよりは、と思われて豊前《ぶぜん》の柳が浦で月の夜、身を投げてお亡くなりになりました」と答えます。

妻は「敵に討たれて死ぬか、せめて病気で死ぬのならまだしも、自分で身を投げるとは何事ですか」と、元気で帰ってくると約束した夫の入水という行為に対して怒り、哀しみます。そして「今までは平氏ということで人目を避けて嘆いてきたが、今は何もはばかる必要はない」と言って、大声で泣き叫ぶのです。淡津の三郎はその妻の深い哀しみを慰めようとしたのでしょう、「舟の中を見ると殿は形見として鬢の髪を残しておかれました。これを見て心慰めてください」と言います。髪を見た妻は一層哀しみ、「これを見るたびに殿のことが思い出されるので豊前にある宇佐八幡《うさはちまん》*2に返します」と言います。淡津の三郎と妻の問答はそこで終わり、淡津の三郎はすごすごと退出します。

清経の妻の心理は複雑です。髪を返すと言いながらも、妻はその髪が懐かしいのです。髪というものは男女の間のセックスを最もよく象徴するものでしょう。夫の髪を見て懐かしく、夫との濃厚な愛の行為をいろいろと思い出すのです。そして「涙とともにこのような恋の喜びを枕はきっと知っているでしょう」と追憶に耽《ふけ》るのです。

このあたりの妻の心境の変化を世阿弥は実にうまく描いています。表面的には髪を返すと言いながらその裏ではその髪が恋しく、清経との間の濃厚な愛の行為を妻は盛んに想起するのです。妻の微妙に揺れ動く心を実に的確に、世阿弥は捉えています。

そしてその妻の夢の中に亡霊となって現われた清経は妻と対話をします。ここからシテ即ち清経の亡霊とツレ即ち清経の妻との掛け合いが始まります。

清経の亡霊は「いかにいにしへ人」と言います。この「いにしへ人」というのは「昔なじみの人」ということでしょうが、あるいは、自分を見捨てた人ということでそう呼んだのでしょうか。その妻は「夢枕に姿をお見せになるのは清経さまだと思うけれど、どうして我が身をお捨てになったのか。元気で帰ってくるとお約束したはずなのに、恨めしい」と言います。ところが清経は、「あなたの恨みはわかるけれど、私の方にも恨みがある。私の形見をなぜあなたは返したのか」と妻を責めるのです。

妻は「あなたの髪を見るといろいろ思い出して辛いから返したのです」と言います。清経は「黒髪を手許《てもと》に留めないのは私に飽きたからでしょう」と妻を責めます。妻は「それは違います。黒髪を見れば辛い思いがわき上がるので返したのです」と言います。すると清経は「私が形見として残した髪を返すのはあなたの恨みだ。しかし私にはあなた以上に恨みがある」と互いに相手を責め合うのです。

そして髪を巡っての二人の哀しみが地謡《ぢうたい》によって謡われます。髪は二人の愛のシルシだが、別れてしまえばそのシルシはかえって辛い哀しいものとなりますと、お互いに髪を挟んで嘆きあうのです。

ここから、この「清経」で世阿弥が最も訴えたいテーマに入ります。清経の幽霊が、入水に至る経緯を語るのです。

平家は源氏に追われて九州に落ち、山鹿《やまが》の城に籠もったけれど、敵が襲って来るという噂を聞き、舟に乗って柳という所に逃げました。そしてそこを一時の皇居と定め、そこから宇佐八幡に参詣し、神馬《じんめ》七匹のほか金銀等を捧げ、宇佐の神に祈りました。すると宇佐の神は「世の中の、うさにはかみもなきものを、なに祈るらん、心づくしに」と託宣したというのです。「世の中の辛さは宇佐の神でも救えない。この筑紫で何を祈っているのか」という意味の歌です。

ここで一番大切なのは平家は神に見捨てられた、ということです。宇佐の神は正直者を助けるという神です。このような神に見捨てられたということは、平家一門にとって大変ショックであったことでしょう。このようなショックを平家の武将中でも、とりわけ繊細な心を持った清経が一番深く感じていたと思います。

シテ〽あぢきなや、とても消ゆべき露の身を
地〽なほ置き顔《がお》に浮き草の、波に誘はれ、舟に漂ひていつまでか、うき目をみづとりの、沈み果てんと思ひ切り、人には言はでいはしろの、まつことありや暁の、月に嘯《うそむ》く気色《けしき》にて、舟の舳板《へいた》に立ち上がり、腰より横笛《ようじよう》抜き出だし、音《ね》も澄みやかに吹き鳴らし、今様《いまよう》を歌ひ朗詠《ろうえい》し、来《こ》し方行《かたゆ》く末《すえ》を鑑《かが》みて、つひにはいつかあだなみの、かへらぬはいにしへ、留まらぬは心尽くしよ、この世とても旅ぞかし、あら思ひ残さずやと、よそ目にはひたふる、狂人《きようじん》と人や見るらん、よし人はなにとも、みるめをかりのよるの空、西に傾《かたむ》く月を見れば、いざやわれも連《つ》れんと、南無阿弥陀仏弥陀如来《なむあみだぶつみだによらい》、迎へさせ給へと、ただひと声を最期にて、船よりかつぱと落ち潮《じお》の、底の水屑《みくず》と沈み行く、うき身の果てぞ悲しき
（「清経」）

清経は暁に、舟の舳先《へさき》に立ち横笛《よこぶえ》を吹き今様《いまよう》*3を歌い、南無阿弥陀仏と称《とな》えて舟より落ちて水屑《みくず》となって海の底に沈んでゆきます。この清経の最期は、まことに美しい。このように清経は死にますが、世阿弥はこの清経を見事に成仏させているのです。

地へさて修羅《しゆら》道《どう》に遠近《おちこち》の、立《た》つ木は敵《かたき》雨は箭《や》先《さき》、月は精剣山《せいけんやま》は鉄城《てつじよう》、雲のはたてを突いて、憍慢《きようまん》の剣《つるぎ》を揃《そろ》へ、邪見《じやけん》の眼《まなこ》の光、愛欲貪恚《あいよくとんに》痴《ち》通玄道場《つうげんどうじよう》、無明《むみよう》も法《ほつ》性《しよう》も乱るる敵《かたき》、打つは波引くは潮《うしお》、西海四海《さいかいしかい》の因果《いんが》を見せて、これまでなれやまことは最期の、十念《じゆうねん》乱れぬ御法《みのり》の船に、頼みしままに疑ひもなく、げにも心はきよつねが、げにも心は清経が、仏果《ぶつか》を得《え》しこそありがたけれ　（「同」）

立ち並ぶ木を敵と見、雨を飛んでくる矢と見、月を光る剣と見、山を鉄の城と見るような、この世を恐しい修羅道の世界と見る、このような無明《むみよう》の世界を逃れて、月の清い夜に念仏を称えて入水した清経は、心の清い、そして強い男で、成仏することができたというのです。「煩悩即菩提《ぼんのうそくぼだい》」と言いますが、「清経」に描かれる世阿弥の思想は、「修羅即菩提」と言ってもよいでしょう。この修羅の世界のさなかにあって、修羅の世界を逃れて入水した清経は仏になることができたと、世阿弥は清経を讃えているのです。

実存主義の文学

能「清経」をどう見るか。

私はその鍵となる言葉を「髪」と「神」に見ます。世阿弥は掛詞《かけことば》や縁語を連歌の技巧に学びました。ここではテーマそのものが「カミ」という掛詞によって表現されています。「清経」は平家が神に見捨てられた話ですが、神に見捨てられた運命をシテの清経はひたすら嘆じるのです。これは日本には大変珍しいテーマです。神に見捨てられたという文学は二十世紀の実存主義の文学です。このような現代的な文学の課題を世阿弥は既にこの「清経」において扱っているのです。

世阿弥は敏感にも『平家物語』の中からこのような神に見捨てられた人間の話を選び出しそれを劇に仕立てました。それはあるいは勝者の方に味方する神そのものへの批判かもしれません。かつてこの宇佐八幡の神は、「道鏡事件」[*5]において、権力者に媚《こ》びを売ったような託宣をいたしましたが、ここでも勝利者に違いないと思われた源氏に媚びを売って平家を見捨てるような託宣を与えたのでしょうか。

確かに清経は〝神〟に見捨てられたのですが、〝髪〟を妻に形見として残したならば、妻は自分の心をわかってくれると思ったのでしょう。つまり妻が自分の〝髪〟を受け入れたならばそれで十分だ、と思ったのでしょう。しかし妻は清経の期待と違って〝髪〟を受け取らず、「宇佐の神へ返そう」と言います。つまり清経のもとに送り返すのです。そこで清経は、〝神〟ばかりか妻にも見捨てられてしまったことを知り、亡霊として成仏できずに妻の夢の中に現われるより仕方がなかったのです。

この〝髪〟を巡る男と女のせめぎあいは、大変複雑であり、愛と憎しみの交錯する世界です。この劇は、そのような髪を巡る男と女の心の相克《そうこく》を描いたものであり、まことに肌理《きめ》の細かい心理劇になっているのです。

私は「清経」はあの近松門左衛門《ちかまつもんざえもん》の、男女の愛欲の世界を見事に描いた「心中物」以上の作品ではないかと思っているのです。しかもこのような男女の物語に〝神〟の問題を加えた点、思想劇にもなっているのです。そしてそこには世阿弥の平和への願望が脈々と横たわっているのです。

十五年戦争の時、清経のように心弱く戦いの苛烈さに耐えられず自ら命を絶った兵がどのくらいあったでしょうか。自殺者は意外に多かったのではないでしょうか。私も二等兵として半年くらい軍隊にいましたが、清経のような心境に陥ったことがないとは言いきれません。こう見てきますと私は、「清経」は現代でも通用する心理劇であり、実存主義文学であるとさえ言えると思います。「生きるか死ぬか」――それだけが実存主義の〝問〟であります。清経は選んだのです。自ら「死」を選んだのです。きっぱりと死を選んだ清経を私は実存主義者だと思うのです。

◉周辺雑記　本説のままに

〝髪〟と〝神〟、〝憂さ〟と〝宇佐〟の掛詞が曲全体を貫く。これは〝本説〟にある。「清経」は上演の機会が多い。おそらく現代人の心にピタリとくるものがあるのであろう。『平家物語』の異本『源平盛衰記』では、清経は一人都落ちをした折に、髪（鬢）を妻のもとに残して行ったが、三年待っても知らせがないので妻は清経のもとに髪を返したという。

幽霊の夫にくどくどと、いや恋々と言葉を尽す清経の妻は世阿弥の創作である。しかしまたこの情愛は、実は『平家物語』の解読と言える。つまり、多くの者が語った平家の物語では、この能「清経」の如く、平家の公達《きんだち》の悲劇をいかに語るかが語り手の技量となる。『平家』の語り手・琵琶法師と同じほどに世阿弥は物語の上に物語を重ねる。その方法は、〝執着〟である。そして語られる〝もの〟も執着心が多い。「これでもか、これでもか」と執着の心は募る。

世阿弥はこの曲を「本説のままに」書いたというが、それは世阿弥独自の解釈なのである。

＊1　狂歌　『太平記』巻第十七に「多《おお》ク共《とも》四十八ニハヨモ過《すぎ》ジ阿弥陀峯《あみだがみね》ニ灯《とも》ス篝火《かがりび》」という狂歌が載る。京都東山の阿弥陀峯に敵が押し寄せ、篝火《かがりび》を焚いたのを見て、「たった四十八（阿弥陀の四十八願にかけて）大したことはない」と揶揄《やゆ》したのである。また『太平記』には、あの有名な「二条河原落書《にじょうがわらのらくしょ》」と類似の記述がある（巻第二十七「田楽事《でんがくのこと》」）。

＊2　宇佐八幡　宇佐神宮。大分県宇佐市に鎮座。古くは土地の神、宇佐津彦《うさつひこ》・宇佐津姫《うさつひめ》の彦《ひこ》姫《ひめ》二神を祀った。八幡神の名は欽明《きんめい》三十二年（五七一）から。高倉天皇の御代、安元《あんげん》年間（一一七五～一一七七）、神事として能の奉納が始まる。神能と称され、今も行われている。この能の奉納は、かつては「佃舞《たまい》」の翌日（十月二十一日）に行われた。「佃舞」とは、宇佐津彦が神武天皇をお迎えした折の饗宴の舞と伝え、鼓を胸に掛け、腰蓑を着け、背に御串《みぐし》を負い、笛鉦《ふえかね》の音に合わせ「とうかみ、えみため」というハラエ・キ

ヨメの呪文を称《とな》えながら舞うものである。

*3　今様　平安中期に成立、鎌倉初期にかけて流行した歌謡。「今様」とは、今風、現代風の意。遊女や傀儡師《くぐつし》が伝えた。その名残りを今に伝える代表歌が「黒田節《くろだぶし》」である。「今様」の作品集としては、後白河法皇編の『梁塵秘抄《りょうじんひしょう》』が有名。

*4　縁語　掛詞にも通じる。例えば着物の「裏」から「浦」を導き出したり、糸が「ほころぶ」から「花がほころぶ→花が咲く」に転じたりする。言葉の音《オン》を重視するのが掛詞なら、縁語は言葉の意味から次の言葉を導く技法。二つの修辞法は繋がっている。この技は連歌で磨かれた。

*5　道鏡事件　宇佐八幡宮神託事件。奈良時代の政治家であり、僧であった道鏡は弓削《ゆげ》姓。志貴皇子《しきのみこ》の王子説がある。この神託事件は八幡神が和気清麻呂《わけのきよまろ》に「道鏡をして帝位に即《つ》かしめば天下太平ならん」という神託を下したが、〝偽〟と見破られて道鏡は失脚したというもの。

奈良坂の奈良豆比古神社《ならつひこじんじゃ》「翁舞」の由緒に登場する志貴皇子の王子・春日王《かすがおう》の二人の息子のうちの一人の皇子の名は弓削浄人《ゆげのきよひと》と伝えられる。

◉第五時限

井筒《いづつ》「待つ」ということ

◉作者　世阿弥／三番目物　本鬘物

◉登場人物と演者

前シテ　里の女（片山　清司〈現・九郎右衛門〉）

・面　小面《こおもて》

後シテ　紀有常の娘の霊（同）

・面　小面《こおもて》

ワキ　旅僧（福王　和幸）

アイ　所の男（善竹　隆平）

◉典拠　「冷泉家流伊勢物語抄」（片桐洋一『伊勢物語の研究〔資料篇〕』所収）

◉参考資料　『伊勢物語』二十三段・二十四段・十七段

今回、私は世阿弥《ぜあみ》の「女体」、今言う「五番立て」の三番目物の「井筒《いづつ》」を語ろうと思います。しかしそのためには『伊勢物語』の次の話を知らなくてはなりません。やや長くなりますが、関係する「段」を先に引用します。各段は互いに絡み合って「井筒」の中に取り込まれています。

むかし、田舎わたらひしける人の子ども、井《い》のもとに出《い》でてあそびけるを、大人《おとな》になりにければ、男も女も、はぢかはしてありけれど、男は、この女をこそ得《え》めと思ふ。女は、この男をと思ひつつ、親のあはすれども聞かでなむありける。さてこの隣の男のもとよりかくなむ。

　筒井《つつい》つの井筒《いづつ》にかけしまろがたけ
　　すぎにけらしな妹《いも》見ざるまに

女、返《かえ》し、

くらべこしふりわけ髪も肩すぎぬ
　君ならずしてたれかあぐべき

などいひいひて、つひに本意《ほい》のごとくあひにけり。
さて年ごろ経《ふ》るほどに、女、親なくたよりなくなるままに、もろともにいふかひなくてあらむやはとて、河内《こうち》の国高安《たかやす》の郡《こおり》に、いき通《かよ》ふ所いできにけり。さりけれど、このもとの女、あしと思へるけしきもなくていだしやりければ、男、こと心ありて、かかるにやあらむと思ひうたがひて、前栽《せんざい》の中にかくれゐて、河内へいぬる顔にて見れば、この女、いとようけさうじて、うちながめて、

風吹けば沖《おき》つしら浪《なみ》たつた山
　よはにや君がひとりこゆらむ

とよみけるをききて、かぎりなくかなしと思ひて、河内へもいかずなりにけり。
（新潮日本古典集成『伊勢物語』二十三段）

むかし、男、かた田舎《いなか》に住みけり。男、宮仕《みやづか》へしにとて、別れ惜しみてゆきにけるままに、三年《みとせ》こざりければ、待ちわびたりけるに、いとねむごろにいひける人に、こよひ逢《あ》はむとちぎりたりけるに、この男、来たりけり。「この戸

あけ給《たま》へ」とたたきけれど、あけで、歌をなむよみていだしたりける。

　あらたまの年の三年を待ちわびて

　　ただこよひこそ新枕《にいまくら》すれ

といひいだしたりければ、

　梓弓《あずさゆみ》ま弓つき弓《ゆみ》年を経て

　　　わがせしがごとうるはしみせよ

といひて、いなむとしければ、女、

　梓弓ひけどひかねどむかしより

　　心は君によりにしものを

といひけれど、男、かへりにけり。女、いとかなしくて、後《しり》にたちて追ひゆけど、え追ひつかで、清水《しみず》のあるところにふしにけり。そこなりける岩に、およびの血《ち》して、書きつけける。

　あひ思《おも》はでかれぬる人をとどめかね

　　わが身はいまぞ消えはてぬめる

と書きて、そこにいたづらになりにけり。

（『同』二十四段）

年ごろおとづれざりける人の、桜の盛りに見にきたりければ、あるじ、
あだなりと名にこそたてれ桜花《さくらばな》
年にまれなる人も待ちけり
返《かえ》し、
今日《きょう》こずはあすは雪とぞ降《ふ》りなまし
消えずはありとも花と見ましや
（『同』十七段）

『伊勢物語』と世阿弥

「井筒」は『申楽談儀《さるがくだんぎ》』[*1]にも「井筒、上花也《じょうかなり》」とあるので、世阿弥自身も、「井筒」を自己の作った能の中で、最も優れた能の一つと考えています。「井筒」は珍しく制作年代のはっきりわかる作品で、世阿弥の六十歳頃の作といわれます。私はこの「井筒」は世阿弥の言う「幽玄」[*2]の極致に至った能であると思います。世阿弥の能には、美意識として「幽玄」と「花」[*2]があります。世阿弥の初期の能には、いささかペダンチックなところがあり、掛詞《かけことば》・縁語《えんご》がやたらに多く、古歌や漢詩への言及も煩《わずら》わしいほど多い。しかし歳を取ると、そのような過度のレ

トリークや、いささかペダンチックなところもなくなり、文学作品としては無駄のない、しかも情緒のはなはだ深いものとなるのです。

私は、世阿弥の能の特徴は四番目物即ち「物狂い」の能、五番目物即ち「鬼」の能にあると考えています。物狂い・鬼は、何らかの理由で社会から排除された存在であります。この「井筒」は、鬘物に属しているものの、物狂いの性格が強いと思います。

「井筒」は最初に掲げた『伊勢物語』の第二十三段、二十四段、十七段を元にして作られていることは明らかです。しかしそれは我々の理解する『伊勢物語』とははなはだ違った『伊勢物語』の理解の上に立っています。中世には『伊勢物語』の研究書が無数に出ていて、大変に特殊な解釈が行われました。それは『伊勢物語』に書かれた物語の人物を特定の人物に当てはめて考える解釈なのです。このような口伝《くでん》の中には、全く荒唐無稽《こうとうむけい》な話も多く含まれています。

『伊勢物語』二十三段では、童男《どうなん》と童女《どうじょ》が、井戸の傍《かたわら》で遊んで、男は大きくなったらこの女と添い遂げたいと思い、女もこの男と一緒になりたい、と思っていました。そしてその男は少し成長して、「筒井つの……」という歌を女に贈ります。あなたにお会いしない間に、背くらべをして遊んでいた井戸の囲いの高さより背が高くなってしまった、と女に恋心をもらすのです。それに対して女は、「くらべこし……」という歌で答えます。つまり、私の髪も童女のようにおかっぱ頭ではなく、肩まで垂れてきました。この髪をあげて私を女とするのはあなたしかありません、というのです。

そして二人は結婚しましたが、女の親が死んで不如意になったので、男は裕福な河内国高安《かわちのくにたかやす》の郡《こおり》の女のところに通うことになるのです。ここで普通なら嫉妬するはずの女は男を気持ちよく送り出してくれたので、男は怪しんで植木の中に隠れて女の様子を見ていると、女は化粧をして、「風吹けば……」と、夜中に竜田山をただ一人越えて女に逢いに行く男の身を案じる歌を詠います。そのいじらしさに、男はこのうえなく女を愛しいと思って、河内の女のもとに通うことを止めたというのです。

この話は『伊勢物語』の中でも最も美しい話ですが、ここでは男女の素性について「田舎わたらひしける人の子ども」とあるだけで、その名を記していません。しかし中世の『伊勢物語』の注釈書はこの男を在原業平《ありわらのなりひら》、女を紀有常《きのありつね》の娘と決めつけています。

そして二十四段と十七段についても、同じく男を在原業平、女を紀有常の娘とします。二十四段に「三年こざりければ」とあることから、業平は大和で紀有常の娘と仲睦まじく夫婦生活をしていたのに、宮仕えのため京に行き二条后《にじようのきさき》＊3と密通事件を起こして、三年間謹慎を命ぜられたのだとするのです。とすれば、紀有常の娘は夫・業平を三年間もむなしく待っていたということになります。

さらに二十四段によれば、女はもう待てなくなって、新しい男に会おうとするのです。ところがちょうどその日、あの「昔男《むかしおとこ》」が帰ってきたのです。男は「私によく尽くしたように新しい男も大事にしなさい」と言って去ってゆこうとしたのですが、女は「私の心は昔からあなた一人に寄っています。あなたが恋しい」と訴えます。しかし男は帰ってしまった。女は男を追いかけたけれど、清水のある所で倒れてしまった。そしてそこにあった岩で指を切り、その血で「あひ思はで……」という歌を書いて、そこで死んでしまったといいます。これはまことに哀しい話です。

また十七段は、めったに訪れない人が桜の盛りを見に来たので、「まあ珍しい人が来た、真心がないと言われる桜の花もめったに来ない人を待っているのですよ」と言うと、訪れた人は「今日来たからこそ、桜が見られたのではありませんか、明日になったら花は雪のように散ってしまいますよ」と答えるといった話です。恋の話ではありません。しかし『伊勢物語』の注釈書は、この十七段も、二十四段と同じように「人待つ女」である有常の娘の恋の哀しみを語ったものと考えるのです。

中世の『伊勢物語』の注釈書については、片桐洋一氏の研究が詳しく、それを元にして能の解釈を試みた伊藤正義氏の業績には目覚ましいものがあります。私もこの『伊勢物語』の注釈書によりながら、いかに世阿弥の「井筒」が素晴らしい能であるかを語ることにします。

「人待つ女」の哀しみ

このような中世の『伊勢物語』の解釈を知らないと能「井筒」はわかりません。「井筒」では、まず諸国一見《しょこくいっけん》の僧が出て来て、「南都《なんと》七堂《しちどう》に参って、これから長谷《はせ》に行きたいが、ここに在原寺《ありわらでら》があるので、立ち寄ってみたい」と言います。在原寺というのは、昔、在原業平と紀有常の娘が住んでいた所で、例の「風吹けば沖つ白浪《しらなみ》たつた山」と有常の娘が歌ったのもこの辺りであるらしいので、業平とその妻を弔いたいと、僧は言うのです。

そこにシテの里の女が現われ、次のように語ります。

シテ〽さなきだに物の淋《さみ》しき秋の夜の、人目《ひとめ》稀《まれ》なる古寺《ふるてら》の、庭の松風《まつかぜ》ふけ過ぎて、月も傾く軒端《のきば》の草、忘れて過ぎしいにしへを、しのぶ顔《がお》にていつまでか、待つことなくてながらへん、げになにごとも思ひ出の、人には残る世の中かな

シテ〽ただいつとなく一筋《ひとすじ》に、頼む仏の御手《みて》の糸、導き給へ法《のり》の声

シテ〽迷ひをも、照らさせ給ふおん誓ひ、照らさせ給ふおん誓ひ、げにもと見えて有明《ありあけ》の、行方《ゆくえ》は西の山なれど、眺めは四方《よも》の秋の空、松の声のみ聞こゆれども、嵐はいづくとも、定めなき世の夢心《ゆめごころ》、なにの音にか覚めてまし、なにの音にか覚めてまし　（「井筒」）

この科白《せりふ》は何気なく聞き流してしまうのですが、「人待つ女」のやるせなさを語っているのです。このような待つ女でなくて、待つことなくて生き永らえたいと思うのですが、女は男との愛の思い出が忘れられなくて、恋しき人を待たざるをえません。そしてそういう自分を仏に救ってほしいと頼むのです。

このようにシテの里の女は夜中であるにもかかわらず、在原寺《ありわらでら》の仏に閼伽《あか》の水

を供えます。僧はそれを見て、「いとも優美な女性が、このような時間に回向《えこう》するとはおかしい、いかなる人ですか」と尋ねます。すると里の女は、「私はこのあたりに住む者でございます。業平ゆかりの在原寺の塚に花水を手向《たむ》け、その供養をしておりますが、何も詳しいことは存じません」と答えます。しかし僧は「業平と言えば有名な人ですが、遥か昔の人です。そんな昔の人に女性の身でこのような弔いをすることは不思議なことです。あなたは一体誰なのですか」と問います。女は「業平は生きていた当時でさえ『昔男』と言われたのに、まして今や遠き昔の人、その昔語りの、その人の跡を弔っているだけです」と答えます。僧は里の女の答に納得がいかず、さらにその里の女を追及するのです。

ワキ〽もつとも仰《おお》せはさる事なれども、ここは昔の旧跡《きゅうせき》にて、主《ぬし》こそ遠くなりひらの
シテ〽跡《あと》は残りてさすがにいまだ
ワキ〽聞こえは朽《く》ちぬ世語《よがた》りを
シテ〽語れば今も
ワキ〽昔男《むかしおとこ》の　（「同」）

ワキの追及は段々と激しくなり、ワキとシテとの問答が交錯する様がテンポよく描かれています。そして地謡《ぢうたい》[*4]が、それに続きます。地謡はワキやシテの言葉を代弁する場合もありますが、第三者として語る場合もあります。ここでは『伊勢物語』の「筒井筒」の話と「風吹けば沖つしら浪」の話を、順序を逆にしてシテとして語ります。

実に見事な掛け合いです。最後の言葉は、以下のようにあります。

地〽げにや古《ふ》りにし物語、聞けば妙《たえ》なる有様《ありさま》の、あやしや名のりおはしませ
シテ〽まことはわれは恋《こ》ひ衣《ごろも》、きの有常が娘とも、いさしらなみのたつたやま、
夜半《よわ》にまぎれて来たりたり
地〽不思議やさては龍田《たつた》山《やま》、色にぞ出《い》づるもみぢ葉《ば》の
シテ〽きの有常が娘とも
地〽または井筒の女とも
シテ〽恥《は》づかしながらわれなりと
地〽いふや注連縄《しめなわ》の長き世を、契《ちぎ》りし年はつつゐづつ、井筒の蔭《かげ》に隠れけり、

井筒の蔭に隠れけり　（「同」）

世阿弥の美学

そしてそこにアイが登場し、ここに実は、『伊勢物語』にあるように業平と紀有常の娘が住んでいて、この紀有常の娘は河内の高安の里の女のもとへ通う業平に嫉妬もせず、夫を心配する歌を詠んだ貞女・賢女であると賞め讃えるのです。そしてワキが前場《まえば》に出て来た里の女の話をすると、それは業平の妻・有常の娘の亡霊であろうと思われるので弔って下さいと言ってその場を退きます。

夜、ワキが寝ていると、紀有常の娘が現われます。この有常の娘は前場で賞め讃えられるような貞女ではない、むしろ帰らない夫を待ちわびて恨む狂女の姿なのです。業平はこの紀有常の娘の所に帰ってきて夫婦仲良く暮らしていくことになったはずなのに、その後、宮仕えをして二条后との密通事件を起こして三年も帰らなかった。その三年後の紀有常の娘の霊が後場《のちば》で登場するのです。

この後場は前場と断絶しています。前場で恋しい男と一緒になり、夫が浮気をしても夜山越えをするその身を心配して歌を詠んで夫を自分のもとに帰し、楽しく、幸福だったはずの有常の娘は、ここで全く帰らない夫を待つ、怨念に満ちた女として登場するのです。「井筒」は「人待つ女」の恨みの能であると言えます。そして女は耐えかねて、業平の形見の衣裳《いしょう》を着け、その己の姿を井戸の水に映して、夫を偲《しの》ぶのです。女には昔の、愛し、愛された男の記憶が深く残っているのですが、帰ってこない男に対する恨みは深いものがあります。

最後の詞章ではシテの謡とシテの心を謡う地謡が交錯して女のまことに切ない気持ちが語られています。

シテ〽筒井筒《つついづつ》
地〽筒井筒、井筒にかけし
シテ〽まろがたけ
地〽生《お》ひにけらしな
シテ〽生ひにけるぞや
地〽さながら見《み》えし、昔男の、冠直衣《かむりのうし》は、女とも見えず、男なりけり、業平の面影《おもかげ》　（「同」）

確かにこの能「井筒」は『伊勢物語』に従っています。しかし『伊勢物語』とは異なる、物狂いの物語になっています。「人待つ女」という言葉は、既に中世の『伊勢物語』の注釈書にあるのですが、待ちわびた女の物語は古来から現代までよく詠われています。小野小町の歌も、待ちわびた男に逢うことができないので、せめて夢で逢いたいという歌であり、現代の歌謡曲にもこのような「待つ女」のやるせない哀しみを歌うものが多くあります。「待つ女」は、ほとんど物狂いです。待ちくたびれて物狂いになった女の哀しみほど人の心を打つものはありません。この「待つ女」に、待っている男の冠《かんむり》と直衣《のうし》を着せて水鏡に映して男を偲ばせるのは世阿弥の美学です。

世阿弥はその能芸論『三道』の「女体」の項で『源氏物語』について語っているにも拘らず、『源氏物語』に関する能はほとんど作っていません。そして『伊勢物語』についても、業平があちこちに女を作った話は能にはしていません。強く悲劇性を感じる物語のみを取って、世阿弥は能にしているのです。『風姿花伝』にも見える、

一、好色《こうしょく》・博奕《ばくえき》・大酒《たいしゅ》。三重戒、是《これ》、古人掟也《こじんのおきてなり》。
（日本思想大系『世阿弥　禅竹』『風姿花伝』）

という観阿弥《かんあみ》の教えもあって、世阿弥も好色を潔しとはしませんでした。おそらく『源氏物語』は世阿弥にとって、光源氏のような好色の男の物語としてどこかに心許せないところがあったのでしょう。そしてあちこちに女を作る業平も彼は好まなかった。そして世阿弥の関心は、この好色男をひたすら愛する妻に注がれます。それで男を懐かしみながら同時に恨む女を題材にした素晴らしい能を作ったのです。

ところが後に語ります金春禅竹《こんぱるぜんちく》は世阿弥とは違う哲学を持っていたようです。それは業平を女に喜びを与えた歌舞《かぶ》の菩薩として捉えるもので、そのことを示してくれる能が「杜若《かきつばた》」です。杜若の精は二条后のように業平に愛された女の霊ですが、その霊もやはり業平の冠と直衣を着けて舞うのです。

これはおそらく禅竹が世阿弥の「井筒」から学んだのだと思います。また世阿弥は「井筒」の最後に、地〽松風《まつかぜ》や芭蕉葉《ばしようば》の、夢も破れて覚《さ》めにけり、夢は破れ明《あ》けにけり（「井筒」）

という詞章を持ってきますが、この言葉は禅竹の「芭蕉」にも出てきます。

◉周辺雑記　嫉妬の炎

能に「高安」という曲がある。作者不詳である。「井筒」の、業平が妻に隠れて高安の女のもとに通うという場面を強調した曲である。その詞章に「ひさげの水のわきかへり、思ひぞくゆるうづみ火の、こがれける夜の恨みをばたれかしるべき」とある。業平の妻は井戸の水を汲《く》む。水を汲んだはずなのに、ひさげの水は熱湯と化している。「高安」では業平の妻は嫉妬の炎を燃やしている。井から汲んだ水が沸騰するほど嫉妬の炎は熱い。

この「井筒」の女の切ない話は昔から伝えられていたらしく、「間狂言《あいきようげん》」の替間《かえあい》にも同様の文句がある。室町末期の型付伝書《かたづけでんしよ》（演出法）には、「カケリ」という興奮状態を表わす演出で女の情念を強調している。その時の面は若い女のものではなく「十寸髪《ますかみ》」を用いたという。古演出を試みた大槻文藏師、梅若玄祥《うめわかげんしよう》師の感想は

「今の『井筒』の方が完成度は高い」という。しかし「井筒」の女が持つ胸の熱で、水が湯になったというカタリは、世阿弥の女性を見る眼であった。

＊1　『申楽談儀』　正式には「世子六十以後申楽談儀」という。能の伝書。応永《おうえい》二十九年（一四二二）頃、世阿弥が次男・元能《もとよし》に語った芸談。元能は二十八、九歳。「序」に当たる「ゆうがく（遊楽）の道」では、「申楽とは神楽なれば、舞歌二曲をもって本風と申すべし」とある。次に田楽《でんがく》の一忠《いっちゅう》、喜阿《きあ》（亀阿）、増阿、近江猿楽の犬王について詳しく語られている。「奥書」に「永享《えいきょう》二年（一四三〇）十一月十一日　志を残すため、秦《はだの》元能これを書く」とある。『申楽談儀』が世に知られるようになったのは江戸時代と新しい。戯作者の柳亭種彦《りゅうていたねひこ》が偶然、古本屋で見付けた。

＊2　幽玄・花　『風姿花伝』「十二三より」の条に「まず、童形《どうぎょう》なれば、なにとしたるも幽玄なり」とある。ここでは幽玄は「可憐」の意。同じ条に「この花は、まことの花にはあらず、ただ時分《じぶん》の花なり」と言う。そして「二十四五」の条では「されば、時分の花をまことの花と知る心が真実の花になほ遠ざかる心なり」と語られる。この有名な言葉「時分の花」にこそ幽玄がある。「第三問答条々」に「心の花」という言葉、そのものずばり「幽玄の花」という表現もある。

＊3　二条后　藤原高子《ふじわらのたかいこ》（八四二〜九一〇）のこと。清和《せいわ》天皇の女御。陽成《ようぜい》天皇の母。在原業平の恋人とされる（『伊勢物語』『大和物語』）。東光寺《とうこうじ》の僧・善祐《ぜんゆう》との密通事件により廃

后。

＊4　地謡　舞台、向かって右手に十人前後のシテ方の役者が座り、謡を合唱する。その謡は、シテの科白だったり、ワキの科白だったり、第三者的立場の語りだったりする。後列の中央に座る人を地頭《ぢがしら》という。合唱のリーダーである。しかし世阿弥の頃は、地頭はワキの仕事で、合唱はシテ・ツレ・ワキ等登場人物全員でなされた。名称も「地」ではなく「同《どう》」「同音《どうおん》」と言った。

◉第六時限

恋重荷《こいのおもに》　そも恋は……

◉作者　世阿弥／四番目物　執心男物

◉登場人物と演者

前シテ　山科の荘司（大槻　文藏）・面　三光尉《さんこうじょう》

後シテ　山科の荘司の怨霊（同）・面　鷲鼻悪尉《わしばなあくじょう》

ツレ　白河院の女御（上田　拓司）・面　小面《こおもて》

ワキ　廷臣（福王　知登）

アイ　下人（善竹　忠重）

◉典拠　不明

◉参考資料　謡曲「綾鼓」／『宝物集』巻五「不邪婬」／『俊頼髄脳』／『猿源氏草紙』

今回は「恋重荷《こいのおもに》」のお話をいたします。

この「恋重荷」という曲には忘れられない思い出があります。昭和四十二年（一九六七）、今から四十年以上前に私は『地獄の思想』（中公文庫／中公新書）を書きました。そこに地獄の思想の例として、「綾鼓《あやのつづみ》」と「恋重荷」を取りあげたのです。『地獄の思想』は私の若い魂が十二分に放出されたような作品で、今、読み返すと少し恥ずかしくなります。そこで私は「恋重荷」を「綾鼓」と比較して論じています。それは能について私の語った最初の論文で、私の能研究は四十年間中断した後に再開されたと言えます。

世阿弥《ぜあみ》の作品を論じる時に、彼が「河原者《かわらもの》」と呼ばれた差別された民の出身でありながら、将軍・足利義満に見出され将軍家のお抱えと言うべき能楽師になったという、彼の人生の矛盾を十分考慮しなければなりません。世阿弥はただ将軍の命令を唯々諾々《いいだくだく》と聞く人間ではありません。彼と同じような境遇にある民が、その社会においてどのように差別され苦悩していたかということに、彼は注目せざるを得なかったのです。

彼は戦争を厭《いと》い平和を願う心と、差別を否定し人間の平等を願う気持ちを持っていたと思います。そしてどこかで権力者の横暴を告発するような能を作ったのだと思います。

世阿弥の能には恋の能が多いのですが、天皇や貴族の男に捨てられたしがない女、あるいは逆に貴族の女に弄《もてあそ》ばれた賤しい男の能を作っています。前者が「釆女《うねめ》」や「花筺《はながたみ》」で、後者が「綾鼓」や「恋重荷」です。

「恋重荷」については世阿弥は、

恋の重荷　佐野の船橋《ふなばし》　四位《しい》の少将　泰山《たいさん》もく　如此砕動風《かくのごときさいどうふう》。

（日本思想大系『世阿弥　禅竹』『三道』）

という言葉を『三道《さんどう》』に残しています。「砕動風《さいどうふう》」というのは容《かたち》は鬼だが心は人間であるという「鬼の能」です。「恋重荷」は後場《のちば》でシテの山科《やましな》の荘司《しょうじ》*1という老人が鬼になるのですが、山科の荘司は極めて人間的な人間でした。しかしツレの白河院の女御《にょうご》*2に恋をし、女御に弄ばれて鬼になったのです。

『申楽談儀《さるがくだんぎ》』には、

恋の重荷の能に、「思ひの煙《けぶり》の立《たち》わかれ」は、静かに、渡《わたり》拍子のかゝり成《なる》べし。此《この》能は、色ある桜に柳の乱れたるやうにすべし。

（日本思想大系『世阿弥　禅竹』『申楽談儀』）

とあり、この「恋重荷」という曲をいかに世阿弥が愛していたかがわかります。「色ある桜に柳の乱れたるやうにすべし」という自作の「恋重荷」についての批評は素晴らしいものです。これは世阿弥らしい美意識ですが、花やかな桜には、柳のような風に舞う狂気が隠れているのです。「恋重荷」は「鬼の能」であると同時に世阿弥の愛する「物狂い」の代表的能と言ってよいでしょう。

女御の倦怠と戯れ

『三道』にはまた、

恋の重荷、昔、綾の大鼓《たいこ》也《なり》。（『三道』）

とあります。「綾の大鼓」という曲は先人の作品で、それに世阿弥が手を加えて現行の「綾鼓」という曲となったと私は考えています。そして「恋重荷」は、おそらく「綾鼓」に倣《なら》って世阿弥自身が作った能に違いありません。

「綾鼓」のシテは天智天皇の筑前《ちくぜん》の木《き》の丸《まる》皇居の庭掃きの老人、「恋重荷」のシテは白河院に仕えた菊の下葉を取る山科の荘司という者で、庭師という職業です。いずれも世阿弥と同じく最も賤しめられた身分の人間で、しかも彼らは老人なのです。この老人の彼らが、女御を一目見て恋をしたのです。ところがおそらく女御の方は、いささか倦怠《けんたい》に悩んでいたのでしょう。彼女は面白半分にその賤しい老人に布を張った鼓、即ち「綾鼓」を打つことができたり、錦に包んだ石、即ち

「恋重荷」を持ち上げることができたらもう一度、一目姿を拝ませてあげましょう、と言うのです。そしてそのことを臣下であるワキが恋する老人に伝えます。

「綾鼓」では、

アイ「綾《あや》にて張りたる鼓を掛け置き、かの老人にこれを打たせられ、音《ね》の出《い》で候《そうら》はば、思ふ望みを御《おん》かなへあらうずるとの御事にて候ふ間

（新編日本古典文学全集『謡曲集』二「綾鼓」）

とあります。つまり綾鼓を鳴らしたならば、お前の恋を叶《かな》えてやろうと言うのです。それで庭掃きの老人はその言葉を真《ま》に受けたのでしょうが、その鼓は皮ではなく布で作られたものですから、どんな名人が打ったとしても鳴るはずがないのです。

また「恋重荷」においても、錦で包んだ重い石を、菊の下葉を取ることを生業《なりわい》としていた老人が持ち上げられるはずはないのです。

詞章では、両曲ともに老人の恋心を諦めさせようとして、「綾鼓」を打て、とか「恋重荷」を上げよと言ったとありますが、それは女御の倦怠を慰める意地の

悪い遊びであったのでしょう。

「綾鼓」も「恋重荷」もこのような残酷とも言ってよい恋の悲劇を語った曲ですが、違いが二点あります。一つは「綾鼓」において庭掃きの老人は何日も「綾鼓」を打ち続けるけれど鳴りません。それで池に身を投げて死んだというのです。「恋重荷」は時間の上では一日の出来事であり、まず重荷を上げようとしても上がりません。思い悩んで夕暮れになり、再び上げようとするのですが、どうしても重荷は上げられません。それで山科の荘司は空しくなったというのです。ただこの死は「綾鼓」の庭掃きの老人のように自死したとも考えられます。

もっと大きな違いは、「綾鼓」の後場《のちば》で老人は鬼となり、さんざん恨みを述べ女御を笞《むち》で打ち、女御は悲鳴を上げます。最後まで老人は恨みの鬼のままであり、女御もまた恋の淵で苦しめられるのです。

「恋重荷」でも鬼となった老人はくどくどと恨みを述べるのですが、最後が異なります。「恋重荷」では、「綾鼓」と違って女御は改心し、恨みの鬼である老人も彼の職能を生かした「葉守《はも》りの神[*3]」となって女御の守護神になろうと言うのです。

恋の情念の洞察者

　改めて「恋重荷」を読み返すと、これは大変よくできた曲です。まずワキの白河院の臣下が登場し、シテの山科の荘司を呼びます。そして「白河院の女御はお前の恋のことを知って、哀れに思って、重い石を持って百度、千度とこの庭を廻れば、もう一度一目拝ませてやろうとおっしゃっている。まことにありがたいことではないか」と臣下は言います。それを聞いた山科の荘司は喜び、自分のような賤しい老人にもう一度姿を拝ませてくれるのはかたじけないことだ。どんな「重荷」でも持ち上げられないはずはない、と、「恋の持ち夫《ぶ》にならうよ」と言います。この「恋の持ち夫《も》」というのは『狭衣物語《さごろもものがたり》』などにも見える常套句《じょうとうく》ですが、大変面白い表現です。老人は錦で包んだ石を持ち上げ庭を何度も持ち運ぶ、その姿を想像しているのでしょう。そして次のように謡います。

　シテ〽たれ踏《ふ》み初《そ》めて恋の道
地〽巷《ちまた》に人の迷ふらん

シテ〽名も理《ことわり》や恋の重荷

地〽げに持ちかぬるこの荷《に》かな

（日本古典文学大系『謡曲集』上「恋重荷」）

恋は人を迷わせる。恋というものは元々、「重荷」を持ち運ぶようなものだが、この「恋の重荷」は持ち運べない、そう言って老人は「恋の重荷」を上げようとするのですが、それは持ち上がりません。

シテ〽それ及びがたきは高き山、思ひの深きはわたづみのごとし

地〽いづれもつてたやすからんや、げに心さへ軽き身の

（「同」）

世阿弥は恋の情念の洞察者です。彼はおそらく何度も危ない恋をしたに違いありません。天皇寵愛の女御のような身分の高い女性にも恋をしたこともあったかもしれません。

続いて地謡《ぢうたい》が謡います。

地〽塵《ちり》の憂《う》き世に長《なが》らへて、由《よし》なや物を思ふかな、思ひやすこし慰《なぐさ》むと、思ひ

やすこし慰むと、露の託言《かごと》を夕顔の、たそかれ時《どき》もはや過ぎぬ、恋の重荷は持つやらん
シテ〽重くとも、思ひは捨てじ唐国《からくに》の、虎と思へば石にだに、立つ矢のあるぞかし、いかにも軽《かろ》く持たうよ
地〽持つや荷《に》前《さき》の運ぶなる、心ぞ君が為を知る、重くとも心添へて、持てや持てや下人《しもびと》
シテ〽よしとても、よしとても、この身は軽《かろ》し徒《いたず》らに、恋の奴《やっこ》になり果てて、亡《な》き世なりと憂《う》からじ
地〽亡き世になすも由《よし》なやな、げには命ぞただ頼め
シテ〽標茅《しめじ》が腹立《はらた》ちや
地〽由なき恋を菅筵《すがむしろ》、臥《ふ》して見れども居《お》られればこそ、苦しやひとり寝の、わが手枕《たまくら》の肩替《かたか》へて、持てども持たれぬ、そも恋はなにの重きぞ　（「同」）

『源氏物語』で語られる光源氏の恋の相手は主として身分の高い女性です。世阿弥の語るこの恋は身分の低い男の、到底寄り添えぬ身分の高い女性への恋で、決して成就しない恋なのです。山科の荘司は、石に矢が立つような奇蹟もあるので、

老人でも重い石を上げる奇蹟もあるかも知れない、恋の奴隷となり命をかけて持とうとするならば、あるいは持ち上がるかも知れないと、万が一の可能性にかけて何度も石を持ち上げようとするのですが、駄目です。そして、

シテ〽あはれてふことだになくはなにをさて、恋の乱れの、束《つか》ね緒《お》も絶《た》え果《は》てぬ　　（「同」）

と叫び、〝恋〟を恨み、女御を恨んで死んでしまうのです。
次にアイの御所の下人が出てきてこの事件を語り、後場となります。
臣下がツレの女御に、「山科の荘司は死にました。あまりに可哀想なので老人の死んだ姿を見てやって下さい」と言います。ここで女御は、

ツレ〽恋《こい》よ恋われ中空《なかぞら》になすな恋、恋には人の死なぬものかは、無慚《むざん》の者の心やな　　（「同」）

と言います。女御は初めて恋の恐しさを知ったようです。軽はずみな恋で人は

死ぬことがある、それはあまりに哀れなことだと老人の死を嘆くのです。
そこへ後シテの鬼と化した老人が出てきて、さんざん女御に恨みを述べます。女御の全くの戯《ざ》れごとを真に受けて恋に狂って死んだ我が身を嘆き、その恨みを晴らそうと言うのです。
そして、こんな「恋の重荷」は畝傍山《うねびやま》の山守《やまもり》でも持ち上がらない、このような重荷の苦しみを女御にも味わわせてやろうと、

地〽さて懲《こ》り給へや、懲り給へ　（「同」）

と言うのです。ここまでは山科の荘司は完全な怨恨の霊ですが、最後に急激に態度を軟化させ、女御に、「あなたが私の後世《ごせ》を弔って下さるならば、私は『葉守りの神』となって、『姫小松《ひめこまつ》』にたとえられるあなたをいつまでもお守りいたしましょう」と言うのです。

地〽思ひの煙の立ち別《わ》かれ、稲葉《いなば》の山風《やまかぜ》吹き乱れ、恋路の闇に迷ふとも、跡弔《あとと》はばその恨みは、霜《しも》か雪《ゆき》か霰《あられ》か、つひには跡も消えぬべしや、これまでぞ姫小《ひめこ》

松《まつ》の、葉守りの神となりて、千代《ちよ》の影を守らん　（「同」）

私にはこの一節がまことに不自然であり、山科の荘司の怨霊には「もっと恨みに徹せよ」と言いたい気がします。

しかしこの最後の言葉がなかったなら、やはり貴人の前でこの能を演能することはできなかったと思います。河原者である世阿弥の葛藤、哀しみが、この最後の一行に表われています。

◉周辺雑記　守り神

洗練された作品である。いかにも〝能〟という演出である。一体、「恋重荷」とは何か。巌《いわお》を錦に包んだ、それを「恋重荷」という。何と象徴的な〝恋〟の表現であろう。「綾鼓」の方は、鼓が鳴らないと嘆く。それは当たり前で、皮の代わりに布を張った鼓は、鳴るはずはない。

若く美しい女御に身分不相応な恋をした老人が、「恋重荷」を持てずに、最後、「あなたの守り神になりましょう」という科白は、「綾鼓」の結末よりも恐しい。女御にさんざんに痛め付けられた老人の最後のこの言葉は、「あなたから一生、離れません」とも読みとれる。

「綾鼓」のように、責められる方が、女御にとってはいいのだ。守り神になるという「恋重荷」の老人の言葉は、笞で打たれるより、辛い。それにしても〝恋〟とは恐しい。執念とは恐しい。「恋重荷」の作り物は、その恐しさの象徴である。

＊1　山科の荘司　「荘司」は荘園の管理をする役人。荘官に同じ。「山科の荘司」とは、かつて山科の地を管理していた者であろうか。「綾鼓」では「御庭掃の老人」としか書かれていないが、「恋重荷」では「菊の下葉を取る老人」という表現とともに、通名の「山科の荘司」が記される。彼のかつての身分を言っているのであろうか。

＊2　女御　後宮《こうきゅう》の女官の称。令制《りょうせい》の妃《ひ》・夫人《ぶにん》・嬪《ひん》の下に置かれた（「令」にその名称はない）。桓武朝の紀乙魚《きのおとな》・百済の教法がその初めという。身分は低かったが、女御の御子は必ず親王の身分を得た。

＊3　葉守りの神　樹木神。日本の植物信仰のひとつ。カシ、クスは最もポピュラーな樹木神で、クスは「奇《くす》しき」樹という奇瑞《きずい》の樹。カシは神武天皇の「橿原《かしはら》」に表わされる「畏《かしこ》」き樹である。神の依代《よりしろ》としてあった樹が、いつしかそれ自体が神として崇められる信仰を生む。葉守りの神は「木守りの神」でもある。

◉第七時限

蟬丸《せみまる》　捨てられた皇子

◉作者　不詳／四番目物　狂女物

◉登場人物と演者

シテ　逆髪（友枝　昭世）・面　増女《ぞうおんな》

シテ　蟬丸（大槻　文藏）・面　蟬丸《せみまる》

ワキ　廷臣清貫（福王　茂十郎）

ワキツレ　輿舁（福王　知登・喜多　雅人）

アイ　博雅の三位（善竹　隆司）

◉典拠　『今昔物語集』巻第二十四「源博雅朝臣、行会坂盲許語　第二十三」／『平家物語』巻第十「海道下」等

◉参考資料　室木弥太郎『語り物の研究』／『江談抄』第三巻「博雅の三位琵琶を習ふ事」／『小野小町集』／『奈良阪町史』／『曽我物語』／『宝物集』

「蟬丸《せみまる》」について、『申楽談儀《さるがくだんぎ》』には、

逆髪《さかがみ》の能に、宮の物に狂はんこと、姿大事也し程《だいじ》に、水衣《みずごろも》を彩《だ》みて着《き》し時、世に褒美《ほうび》せし也《なり》。（日本思想大系『世阿弥　禅竹』『申楽談儀』）

と、あります。

「逆髪の能」とは「蟬丸」の古名ですので、この一文によっても世阿弥《ぜあみ》がこの曲を演じたのは確実です。作者については世阿弥であると断定されてはいませんが、私は世阿弥作としてよいと思っています。「蟬丸」は数ある能のうちでもとりわけ名曲であり、このような名曲が世阿弥以外の人によって作られたとは考えられませんので、世阿弥作に違いないと思うのです。

「蟬丸」は、はなはだ哀しい物語です。それは、天皇家の残酷物語です。それ故、かつてこのような曲は異端の曲とされ、演ぜられることが少なかったと言います。特に戦時中は演じてはいけない曲であるとされていました。

天皇の子として生まれ、皇太子になり、次の天皇になる皇子は、まことに幸福ですが、他の皇子、特に皇太子のライバルと目された皇子は、多く悲惨な人生を送っています。『源氏物語』の浮舟の父・八の宮も、こういう次の天皇の候補者となり、それ故に隠遁《いんとん》の生活を送らざるをえなかった皇子です。しかしこの八の宮はまだ良い方で、追放になり、命を奪われた皇子も多くいます。世阿弥はそのような皇子に深く同情して、「蟬丸」という曲を作ったのでしょう。

世阿弥はこのような権力者の横暴を告発する能を、多く作っています。白河院の女御のわがままを描いたのは「恋重荷《こいのおもに》」ですが、「蟬丸」は女御ではなく、天皇そのものの非情さを物狂う皇子・皇女によって、訴えています。「蟬丸」はまさしく「物狂い」の能と言ってよいでしょう。

次回は、「善知鳥《うとう》」の話をしますが、私は「善知鳥」を佐渡流罪時代[*1]の世阿弥の作と考えています。「善知鳥」は体制から疎外された最果ての地・外《そと》の浜《はま》に住む漁師の実に哀しい人生を描いたものですが、「蟬丸」は正に権力の中心である天皇家の皇子として生まれながら、宮廷から追放され、乞食《こつじき》の如き、食にも困る生活を送らねばならなかった皇子の哀しみを描いたものです。「蟬丸」と「善知鳥」の哀しさには共通するものがあります。このような作品が能にあることは、素晴らしいことであると私は思います。

蟬丸伝説の成立

蟬丸は、「百人一首」にも撰ばれている『後撰和歌集』の、

これやこの行《ゆ》くも帰《かえる》も別《わかれ》つゝ
知るも知らぬもあふさかの関

という歌の作者として親しまれています。

その蟬丸については後世いろいろな伝説が生まれ、蟬丸は琵琶《びわ》の名人で、醍醐天皇[*2]の第四の皇子ということになっています。いつ、こういう伝説が生まれたのか見てゆきましょう。

まず『江談抄《ごうだんしよう》』[*3]に「博雅《ひろまさ》の三位《さんみ》琵琶を習ふ事」という話があります。

「博雅の三位の会坂《おうさか》の目暗《めくら》に琵琶を習《なら》へるは知らるるか、いかん」と。答へて曰《い》はく、「知らず」と。談《かた》りて曰はく、「尤《もつと》も興《きよう》有る事なり。博雅は高名《こうみよう》の管絃の人にて、いみじく道を重く求むるに、会坂の目暗は琵琶最上の由、世上《せじよう》に風《ふう》聞《ぶん》す。人々請ひ習はしむといへども、さらにもつて得ず。また、住まふ所極《きわ》めてもつてところせくて、行き向かふ人少々《まれまれ》に、博雅まづ下人《げにん》をもつて内々にいはするやう、「などかくて思ひ懸《か》けざる所には住ひするぞ。京都《みやこ》に居て過ぎかよし」とすかすに、目暗歌を詠みて曰はく、

世の中はとてもかくても過ぐしてん
　宮も藁屋《わらや》も果てしなければ

と詠みて答へず。使《つかい》の者この由《よし》をもつて云《い》ふに、博雅思ふやう、この目暗の命は旦暮《たんぼ》に在り。我も寿《いのち》は知らねども、なほ流泉《りゆうせん》・啄木《たくぼく》といふ曲は、この目暗のみこそ伝ふなれ。相構《あいかま》へて弾くを聞きて伝へんと欲《おも》ふところ、三ケ年の間、夜々《よよ》会坂の目暗の許《もと》に向かひ、窃《ひそ》かに宅《いえ》の頭《ほとり》に立ち聞くに、さらにもつて弾《ひ》かず。三年といふ八月十五夜、をろうわくもりたるに風少し吹くに、博雅思ふやう、あはれ今夜《こよい》は興有る夜かな。会坂の目暗、流泉・啄木などは、今夜か弾く

らんと思ひて、琵琶の譜を具《ぐ》して会坂に向かふに、案のごとく琵琶を鳴らしむる程に盤渉調《ばんしきちょう》に鳴らす。博雅聞きて尤も興有り。啄木はこれ磐渉調なり。今夜この絃を鳴らす。定めて弾かんとするかと思ひて、うれしく思ふ間、目暗独《ひと》り心を遣《や》りて、人もなきに歌を詠みて曰はく、

あふさかの関の嵐のはげしきに
　しひてぞ居たるよを過ぐすとて

と詠みて絃を鳴らすに、博雅涙を流して啼泣《ていきゅう》す。道を好むことあはれなりと思ふに、目暗独りまた云はく、「あはれ興有る夜かな。もし我ならぬすき者や今夜世間にあらむな。今夜心得たらん人の来遊《らいゆう》せよかし。物語せん」と独り云ふを聞きて、博雅音《こえ》を出だして云はく、「博雅こそ参りたれ」と云ひければ、目暗云はく、「たれにかをはする」と問ふに、「しかなり」と答ふ。目暗をとに聞きければ、感じて物語りして心を遣りて、件《くだん》の曲を伝へしむと云々《うんぬん》。

（新日本古典文学大系『江談抄　中外抄　富家語』『江談抄』第三「六十三　博雅の三位琵琶を習ふ事」）

この話は、博雅がいかに管弦の名人であったかを述べたものです。彼は会坂に

琵琶の上手の盲人があると聞き、彼のもとへ通います。しかし博雅が聞きたいと思っていた琵琶の名作「流泉」「啄木」などを、その盲人は演奏しませんでした。それでも博雅は会坂に通い続け、三年過ぎた八月十五日の夜、「流泉」「啄木」の演奏を聞くことができ、その素晴らしさに博雅は涙を流します。そして、秘曲を伝授されたというのです。

ここで博雅が琵琶を習った盲人は「会坂の目暗」とあり、蟬丸とは言っていません。ところが『今昔物語集』に、次のようにあります。

今は昔、源博雅朝臣《みなもとのひろまさのあそん》と云人《いうひと》有けり、延喜《えんぎ》の御子《みこ》の兵部卿《ひょうぶきょう》の親王と中人《もうすひと》の子也《なり》。万《よろず》の事、止事无《やむことな》かりける中にも、管絃の道《どう》になむ極《きわめ》たりける。琵琶をも微妙《みよう》に弾《ひき》けり、笛をも艶《えもいわ》ず吹けり。此人《このひと》、村上（天皇）の御時に、〔欠字〕の殿上人《てんじょうびと》にて有ける。

其時に会坂の関に一人の盲《めしい》、庵《いおり》を造《つくり》て住けり、名をば蟬丸《せみまろ》とぞ云《いい》ける。此《こ》れは敦実《あつみ》と中《もうし》ける式部卿《しきぶきょう》の宮《みや》の雑色《ぞうしき》にてなむ有ける。其《そ》の宮は宇多《うだの》法皇の御子《みこ》にて、管絃の道に極《きわめた》りける人也《なり》。年来《としごろ》、琵琶を弾給《ひきたまい》けるを常に聞て、蟬丸、琵琶をなむ微妙に弾く。

（日本古典文学大系『今昔物語集』巻第二十四「源博雅朝臣、行会坂盲許語《おうさかのめしいのもとにゆきたること》第二十三」）

ここで博雅が琵琶を習った盲人の名が蟬丸とははっきり語られます。しかし、蟬丸は「式部卿《しきぶのきよう》の宮《みや》の雑色《ぞうしき》」とあり、醍醐天皇の皇子などとは語られていません。式部卿の宮とは宇多《うだ》天皇の第八皇子・敦実《あつみ》親王で、親王は管弦の道の達人であったといいます。その敦実親王の雑色であった蟬丸は、親王が琵琶を弾くのを聞いていて、自然と琵琶の演奏を覚えたのでしょう。

ところがこの蟬丸が『平家物語』では、醍醐天皇の第四の皇子ということになるのです。

四宮河原《しのみやがわら》になりぬれば、こゝはむかし、延喜《えんぎ》第四《だいし》の王子蟬丸《せみまる》の関の嵐に心をすまし、琵琶をひき給ひしに、博雅《はくが》の三位と云し人、風のふく日もふかぬ日も、雨のふる夜もふらぬ夜も、三とせがあひだ、あゆみをはこび、たちきゝて、彼《か》の三曲をつたへけんわら屋のとこのいにしへも、おもひやられてあはれ也。

（日本古典文学大系『平家物語』巻第十「海道下《かいどうくだり》」）

ここでやっと、琵琶の名人の名が蟬丸であり、その蟬丸が天皇の皇子であるという要素が全部揃《そろ》います。そして博雅の三位に伝授した曲も一曲ではなく、「流泉」「啄木」と「揚真操《ようしんそう》」の三秘曲となっています。なぜ蟬丸が醍醐天皇の第四皇子となったかというと、『小野小町集』にある「四のみこのう（失）せたまへるつとめて、風ふくに」という題詞《だいし》の付いた、

今朝よりは悲しの宮の山風や
又あふさかもあらじと思へば

などの歌の影響ではないかといいます。

しかし実はこの「四のみこ」というのは、仁明天皇《にんみようてんのう》の第四皇子の人康親王《さねやすしんのう》のことらしいのです。

この逢坂（会坂）の関は京と近江《おうみ》の境の地であり、柳田國男《やなぎたくにお》が言うように、このような境界の地は乞食《こつじき》や遊芸人、治る希望のない病を得た人々が集まり、生計を立てる場所であったのです。

また『語り物の研究』の著者・室木弥太郎《むろきやたろう》氏は、この「逢坂の関」について以下のように書いています。

逢坂は交通の要点で、男女の遊行者が——目あきも目くらも、はなし手・かたり手・おどり手あるいは曲芸師が、ささら・琵琶・三味線あるいは人形をひっさげて、集散したことはいうまでもないが、都の関門として出るにも入るにも（伝蟬丸の歌を思い出そう）真剣な祈りをこめなければならない、そういう場所であった。（『語り物の研究』第三篇「説経」第一章「説経の者と蟬丸宮」）

あの小野小町も晩年はこの逢坂の関に住んだといい、その伝承から「関寺小町」という曲が生まれました。歌道を究めた小町が乞食に身を落とした話です。乞食といっても、小町は女流歌人として崇められています。蟬丸も、このような境界に住む乞食であり、呪的《じゆてき》芸能者であったと考えられます。そして「貴種流離譚《きしゆりゆうりたん》*4」という言葉がありますが、芸能の民は、祖先を高貴な人と考えることによって自らに誇りを持とうとし、蟬丸はいつの間にか醍醐天皇の第四皇子ということになっていったのでしょう。

『平家物語』に書かれて以降、蟬丸は逢坂山に住む琵琶の名人で醍醐天皇の第四皇子ということになりましたが、世阿弥はこの皇子の伝説を背景に、逆髪《さかがみ》という皇子の姉を登場させ、見事な劇能「蟬丸」を作り出したのです。

この「蟬丸」という曲は世阿弥の作でありながら、その形式において「複式夢幻能」とは全く異なります。前場《まえば》と後場《のちば》の区別もなく、蟬丸はツレとして登場し、ワキは蟬丸を逢坂の関に捨てる清貫《きよつら》という廷臣《ていしん》なのです。そして「博雅の三位」はアイとして登場し、逆髪がシテとして登場します。

先の『中楽談儀』によれば世阿弥はこの「蟬丸」という曲を「逆髪」と名付けています。逆髪はシテの役割をしますが、蟬丸もまた逆髪に劣らぬシテです。この曲は本来「二人のシテ」の能であると言えます。それで今回は、逆髪とともに蟬丸もシテとして扱われます。これを「両シテ」と言います。またアイは劇のストーリーを語る「所の者」[*5]ではなく、博雅の三位であるということ、その博雅が家のない蟬丸に粗末な藁屋を与えるという重要な役をします。こういうアイの使い方も世阿弥の能としては異例です。そして世阿弥流のレトリークを踏んでいるものの、この「蟬丸」では過度な修飾もなく、古歌や漢詩をくどくどと引用するところもありません。

皇子の哀しみ

まず、ワキの廷臣・清貫とワキツレの輿舁《こしかき》二人が、蟬丸とともに登場します。そしてワキ・ワキツレが次第《しだい》*6として、「定めなき世のなかなかに、定めなき世のなかなかに、憂き事や頼みなるらん」と謡います。私はこの次第の言葉が、連歌の発句《ほっく》のように大切であると考えます。この次第の中に、この劇の精神が既に表現されているのです。この劇は暗い。どこにも慰めがないかのようですが、その慰めのない世界が頼みであるというのです。全く絶望的な頼りない世界が、どうして頼みとなるのでしょうか。頼みのない世界を頼みである、という次第の言葉によってこの能の絶望的な暗さが表現されているのです。

そしてこの清貫は天皇から、蟬丸を逢坂の関に捨てよ、という命令を受けているのです。それを清貫は哀れなことと思いますが、天皇の命令なので従わない訳にはゆきません。清貫は、「この皇子は前世《ぜんせい》、仏道の修行を一所懸命なされたので、この世に皇子としてお生まれになったけれど、何の因果か幼少の時から両眼がお見えにならなかった。皇子は暗黒の世をお過ごしになって涙の乾く時がおありにならなかったのに、帝《みかど》はどういう思《おぼ》し召《め》しかわからないが、逢坂山に皇子を捨て、出家させよ、という。おいたわしいことだけれども、天皇の命令ならばやむをえない」と語ります。

こうして皇子一行は、逢坂山に着きます。皇子は清貫に「私をこの山に捨て置くのか」と尋ねます。清貫は、「それが帝の仰せでございます。我が君は昔から国を治め、民を憐れむ聖天子《せいてんし》であるのに、今回のことはどういうお考えなのか、全く意外なことでございます」と答えます。これに対して蟬丸は「父・帝は非情のように思われるが、私を山にお捨てなさるのは、この世で盲目に生まれた私の過去の罪業を消滅させようとするお慈悲なのです」と言います。清貫は帝の命令を非情なことと思っているのに、皇子は逆にありがたいことだと思っている。これは、皇子・蟬丸が子供のように純粋な心を持っていることを示すものでしょう。

そして清貫が皇子の立派なお召しものを脱がせ、その代わりに蓑《みの》を着せようとすると、「これは『古今集』の紀貫之の歌『雨によりたみの（田蓑）の島をけふゆけど名には隠れぬものにぞありける』にある〝蓑〟であるか」と、また笠を渡すと、『古今集』の東歌《あずまうた》にある『御《み》さぶらひ御《み》笠《かさ》と申せ宮木野《みやぎの》の木の下露は雨にまされり』の〝笠〟か」と、そして杖を渡すと、「『古今集』の『ちはやぶる神や伐《き》りけむ突《つ》くからに千年の坂もこえぬべらなり』という僧正遍昭《そうじようへんじよう》の歌にある〃杖か〃と尋ねます。これは蟬丸が皇子として古典的な教養世界で育ち、蓑や笠や杖などというものは知らず、歌の世界に出てくる優美なものとしか考えていなかったことを表わしています。この「物着《ものぎ》」（着替え）の後の皇子が蓑を着、笠を被り、杖を突く姿は、盲人の生活の哀れさとともに、帝の非情さを浮かび上がらせます。この蟬丸と清貫の対話は見事です。

地〽かかる憂き世に逢坂の、知るも知らぬもこれ見よや、延喜の皇子の成り行く果《はて》ぞ悲しき、行人征馬《こうじんせいば》の数々、上《のぼ》り下《くだ》りの旅衣《たびごろも》、袖をしをりて村雨《むらさめ》の、振り捨てがたき名残《なごり》かな、振り捨てがたき名残かな

地〽さりとては、いつを限りに有明《ありあけ》の、尽きぬ涙をおさへつつ、はや帰るさになりぬれば、皇子は跡《あと》にただひとり、御身《おんみ》に添ふ物とては、琵琶を抱きて杖を持ち、臥《ふ》し転《まろ》びてぞ泣き給ふ、臥し転びてぞ泣き給ふ

（新編日本古典文学全集『謡曲集』二「蟬丸」）

清貫は捨てられた皇子の哀れさに耐え難く、涙をこぼして別れるのです。皇子

もまた一人残った寂しさに、号泣するのです。

そこにしばらくして、アイの博雅の三位が、蟬丸が逢坂山に捨てられたという話を聞きつけ、逢坂山にやって来ます。あまりにもおいたわしいので、雨露をしのぐ藁屋でも作って差し上げよう、と粗末な藁屋を作ります。そして博雅の三位は「藁屋をしつらえたので、まずはあれに入って雨露をしのいで下さい」と蟬丸の手を取って藁屋の中に入れ、蟬丸に「私は宮仕えがありますので今日はお暇《いとま》申しますが、御用があれば何なりとお申しつけ下さい」と言って去ります。この後、劇は一層哀しい展開となります。

姉と弟、涙の雨

蟬丸が藁屋に入った後に、いよいよシテである蟬丸の〝姉〟の逆髪が登場します。先にも申しましたが、この逆髪は世阿弥が創作した人物なのです。怒りのため狂乱し、髪が逆立ったという異形《いぎょう》の人です。

「逆髪」という言葉に関しては、「三人翁」[*7]の神事を伝える奈良の奈良豆比古《ならつひこ》神《じん》社《じゃ》に以下のような伝承があります。

延暦《えんりやく》三年（七八四）春日王《かすがおう》は、光仁《こうにん》の后・井上皇后《いがみこうごう》の祟《たたり》により、俄《にわか》に逆髪《さかがみ》となり、重い白癩《びやくらい》を患い、長岡宮《ながおかのみや》を退出して南良《なら》山中に蟄居《ちつきよ》す。（『奈良阪町史』）

つまり「逆髪」とは深い恨みを抱いて病に陥った人を言います。「蟬丸」において逆髪が最初に登場するのは逢坂山ではなく、都です。都の子供たちはこの髪が逆様《さかさま》に生えている逆髪という女性を笑います。これに対して逆髪は、「花というものは地に埋まって、そこから芽を生やし天に昇る。また月は天にかかっていながら、その影は水の底に深く沈んでいる。私は天皇の子として生まれたが、今は平民となった。これは順逆《じゆんぎやく》の理《ことわり》によってそうなったのである。私の髪が天上に昇るのをお前たちは笑うが、これもまた順逆の理ではないか」と言うのです。

都でそのようなことを語って、逆髪は都を旅立ち、逢坂の関へ向かいます。ここで道行《みちゆき》*8の様子が語られますが、この道行は他のいかなる道行にもまして哀しく響きます。そして逆髪は逢坂の関にやってきます。

ちょうどその時に蟬丸は、

ツレ〽第一第二の絃《げん》は索々《さくさく》として秋の風、松を払って疎韻《そいん》落つ、第三第四の宮は、われ蟬丸が調べも四つの、折からなりける村雨かな、あら心すごの夜すがらやな、世の中は、とにもかくにもありぬべし、宮も藁屋も、果しなければ

（「蟬丸」）

と言います。この「世の中は、とにもかくにもありぬべし、宮も藁屋も、果しなければ」というのは、蟬丸の歌です。また「第一第二……」というのは『和漢《わかん》朗詠集《ろうえいしゅう》』に載る白楽天《はくらくてん》の、

第一第二の絃《けん》は索々《さくさく》たり　秋の風松を払って疎韻《そいん》落つ
第三第四の絃は冷々《れいれい》たり　夜の鶴子《つるこ》を憶《おも》うて籠《こ》の中《うち》に鳴く
第五の絃の声はもっとも掩抑《えんよく》せり　隴水凍《ろうすいこお》り咽《むせ》んで流るること得ず

（講談社学術文庫『和漢朗詠集』巻下　管絃「五絃弾《ごけんたん》」）

という詩を踏んでいます。五弦琴《ごげんきん》の各弦から響く音を自然の音に譬《たと》えた美しい

詩ですが、蟬丸の置かれている情況と重ねられることで、どこかもの寂しい情景となります。「第三第四の絃」というのは、「第三・第四の皇子」と重ね合わされています。夜、高く透き通った声で鶴が籠の中で鳴くように、第三・第四の皇子である自分たち〝姉弟〟もまたこの籠即ち藁屋の中で泣くのである、という意味でしょう。そしてこのような藁屋で、蟬丸は琵琶を弾くのです。

その琵琶の音を聞いて逆髪は、このようなみすぼらしい藁屋の中で、立派な曲を弾く人は誰であろうかと、その曲にじっと耳を傾けます。蟬丸は人がいる気配を感じて、「博雅の三位か」と問います。逆髪がその声をよく聞くと、それは弟の声である。うれしさのあまり逆髪は、「ねえさんが来ましたよ、蟬丸はこの中にいますか」と声を掛けます。蟬丸は「姉宮さまか」と驚きます。

姉弟二人は、思いがけない出会いに、涙を流して喜びます。そして、逆髪は、

地〽それ栴檀《せんだん》は二葉《ふたば》より香《こう》ばしといへり、ましてや一樹《いちじゅ》の宿りとして、風橘《かぜたちばな》の
香《か》を尋《と》めて、花も連《つら》なる枝とかや
シテ〽遠くは浄蔵浄眼早離速離《じょうぞうじょうげんそうりそくり》、近くはまた応神天皇《おうじんてんのう》の御子《みこ》
地〽難波《なにわ》の皇子菟道《おうじうじ》の御子《みこ》と、互《たが》ひに即位謙譲《そくいけんじょう》の御志《おんこころざし》、皆これ連理《れんり》の情《なさけ》とか

や
シテ〽さりながらここはせうとの宿りとも
地〽思はざりしに藁屋の内の、一曲なくはかくぞとも、いかで調べの四つの緒《お》に
シテ〽引かれてここによるべの水の
地〽浅からざりし、契《ちぎ》りかな　（「蟬丸」）

と語ります。逆髪も蟬丸もそれはそれは貴い天皇の子として生まれました。〝きょうだい〟というものは、菟道稚郎子《うじのわきいらつこ》と仁徳《にんとく》天皇の例があるように、仲良きものです。しかしまた浄蔵《じょうぞう》と浄眼《じょうげん》、早離《そうり》と速離《そくり》のように哀話を伴うものが多くあります。これについては後で詳しく述べます。ここで姉弟は仲良く手を取り合いますが、その運命は皇位を譲り合った兄宮・菟道稚郎子と弟宮・仁徳天皇とは大違いなのです。本来宮中で豊かに暮らす姉弟なのに、今は二人とも宮中を追放されて、狂人として山野をさまよい、道行く人の情けを乞うばかりです。

地〽峰に木伝《こづた》ふ猿の声、袖をうるほす村雨《むらさめ》の、音にたぐへて琵琶の音を、弾《ひ》き

鳴らし弾き鳴らし、わが音《ね》をも泣く涙の、雨だにも音《おと》せぬ、藁屋の軒のひまびまに、時々月は漏《も》りながら、目に見る事の叶はねば、月にもうとく雨をだに、聞かぬ藁屋の起臥《おきふし》を、思ひやられていたはしや　　（「同」）

このように二人は乞食としてあちこちをさまよい歩かなければならない現在の身を嘆き合います。そして二人の出会いも束の間、逆髪は弟のもとを去ってゆこうとします。

ツレ〽一樹《いちじゅ》の蔭《かげ》の宿りとて、それだにあるにましてげに、せうとの宮の御別《おんわか》れ、留《とま》るを思ひやり給へ
地〽げにいたはしやわれながら、行くは慰《なぐさ》む方《かた》もあり、留《とま》るをさこそと夕雲の、立ちやすらひて泣きゐたり
ツレ〽鳴くや関路《せきじ》の夕烏《ゆうがらす》、浮かれ心は烏羽玉《うばたま》の
地〽わが黒髪の飽《あ》かで行く
ツレ〽別れ路留《じと》めよ逢坂の
地〽関の杉むら過ぎ行けば

ツレ〽人声《ひとごえ》遠くなるままに
地〽藁屋の軒に
ツレ〽たたずみて
地〽互《たが》ひにさらばよ、常には訪《と》はせ給へと、かすかに声のするほど、聞き送りかへり見置きて、泣く泣く別れおはします、泣く泣く別れおはします　（「同」）

蟬丸は逆髪に「行かないで下さい」と頼みますが、姉は「そんなに長く留まるわけにはゆかないのです」と言って立ち去っていきます。「行かないで下さい」と言う蟬丸も哀しかったでしょうが、弟の言葉を背にそこを去る姉・逆髪の方が、もっと哀しかったのではないかと思います。逆髪は泣く泣く去っていきます。そして蟬丸もシオリという泣く仕草、「手を目に当てて涙を押さえる」所作をします。能「蟬丸」は姉と弟の、涙の雨で終わるのです。

「蟬丸」に含まれる暗喩

私は前に「高砂」について論じた時に「高砂」は、『古今集』を編んで、古《いにし》えの『万葉集』とともに世に問うた醍醐天皇の御代を讃えたものである、と言いました。しかしそれは同時に和歌を重んじて太平の御代を現出した足利将軍、義満・義持を讃えたものであるとも論じました。

ところがこの「蟬丸」では、その醍醐天皇が我が子二人を捨てた、非情な帝として登場するのです。この曲は醍醐天皇への批判と言っても差しつかえないでしょう。

当時の天皇は後小松天皇《ごこまつてんのう》ですが、後小松天皇の皇子とされる一休宗純《いっきゅうそうじゅん》もまた宮中から追放され、僧になるより生きる手立てがありませんでした。そして将軍の子供たちは、天皇の御子よりも一層ひどい目に遭います。足利義満に可愛がられ、義持のライバルとなった異母弟・義嗣《よしつぐ》は、謀反の嫌疑によって義持に殺されました。そして義持の次に同母弟・義教《よしのり》が将軍となりますが、義教もライバルとされた弟の大覚寺義昭《だいかくじぎしょう》を始め、多くの人を殺します。

私はこのような殺された将軍の子供たちのいずれかと、世阿弥は親しく、その子供たちの悲惨な運命に深く同情してこの天皇批判の曲を作ったのではないかと考えます。

世阿弥は猿楽師として、将軍を賞め讃える脇能を多く書きました。しかし本来、体制に圧迫された庶民の血を受けた世阿弥が、そのような権力ある者たちの横暴に気付かないはずがありません。彼が庶民の出身で、真に庶民の味方であるならば、権力者の横暴を黙って見ていたとは思われません。このような権力者の横暴への批判が「蟬丸」では天皇批判の能となったのでしょう。この「蟬丸」という曲には、さまざまな暗喩が含まれているのではないかと思います。

逆髪は詞章に醍醐天皇の第三の皇子とあります。しかし蟬丸が逆髪を「姉宮」と呼ぶところを見ると、どう見ても逆髪は皇女・女性であるに違いありません。能楽研究者の松岡心平《まつおかしんぺい》氏は「蟬丸」に姉弟相姦《きょうだいそうかん》の匂いを感ずると言います。あるいは蟬丸が引き留めるのを振り切って去ったのも、そのような姉弟相姦の危険を姉・逆髪が感じたからかも知れません。

しかし詞章では、逆髪は皇女ではなく皇子と書かれているのはどういうことでしょうか。権力から追われ、庶民の身分へと落とされ、追放となり、果ては殺されるのは、多くは皇女ではなく、新しい権力者のライバルになりうる皇子ではないでしょうか。

先述の仁徳天皇と菟道稚郎子の皇位を譲り合った兄弟のゆかしい関係も、兄と弟の関係で、姉と弟の関係ではありません。そして『和漢朗詠集』の「第三第四の絃は冷々たり」というのは、第三・第四の皇子の残酷な運命を暗示するものであると考えられます。この場合、逆髪が蟬丸の兄・第三皇子と考えた方が、一層体制批判として現実性を持ちます。しかし世阿弥はあまりに具体的に逆髪を兄とするとその身に危険が及ぶと思い、わざと皇女にしたのではないでしょうか。

また先の詞章に兄弟の逸話《いつわ》として「浄蔵浄眼早離速離《じょうぞうじょうげんそうりそくり》」とありましたが、浄蔵・浄眼は「法華経」「妙荘厳王本事品《みょうしょうごんおうほんじほん》」に見え、外道《げどう》*9を信じていた父を仏道に帰依《きえ》させた兄弟です。そして早離・速離は、「観世音菩薩浄土本縁経《かんぜおんぼさつじょうどほんえんきょう》」にある継《まま》母《はは》に憎まれて孤島に捨てられて死んだ兄弟です。

「早離・速離」の話は、『曽我物語』『宝物集』に載せられています。特に『宝物集』の描写――継母の甘い言葉に誘われて、絶海の孤島へ捨てられる幼い兄弟の話は、あまりにもかわいそうです。残酷です。継母と継子《ままこ》の物語は御伽草子《おとぎぞうし》*10などにも多く描かれますので、世阿弥の時代、現実によく起こったことかもしれません。それはともかく継母に憎まれて孤島に捨てられた早離・速離は、父の帝に憎まれて捨てられた逆髪と蟬丸の運命に余りに似ているのではないでしょうか。

ここで世阿弥は、十分覚悟を決めているように思われます。「順逆」は所詮人間の運命です。世阿弥が義満に寵愛されたことが「順」であるとすれば、義教に嫌悪され、果ては流罪になることが「逆」なのです。そして「逆」の運命に翻弄《ほんろう》される彼らは「狂」、即ち「物狂い」となるのです。

この「蟬丸」は「物狂い」における世阿弥の代表作と思われますが、「物狂い」、狂気というものは、心の清い人間が、この世で心の汚い人間の迫害を受けてなるものです。「狂」の中に本当の人間がいることを、世阿弥は語りたかったに違いありません。私はこの「蟬丸」に、既に流罪あるいは死罪を覚悟した、凜《りん》とした世阿弥の態度が見られると思います。

◉周辺雑記　近親相姦の哀話

逆髪伝承は蟬丸伝承ほど有名ではないが、民俗学的には重要な伝承である。逆髪は坂神の音《オン》の転化で、境界の神である。そして境界には道祖神が祀られる。道祖神を通して見えてくるものは、近親相姦の哀話である。母と子、父と娘の情交、そして「蟬丸」では、姉と弟の相姦がこの曲を覆っている。

姉弟相姦とは不謹慎？　いや、記紀神話を見てもイザナギ・イザナミの昔からそれはあった。ギリシア神話などにも多く近親相姦は語られるし、神話では、全世界共通の恋愛譚である。そしてこの恋愛は、禁忌《タブー》となる以前は「国生み神話」として〝豊穣〟を促すものであった。「蟬丸」は天皇である父に捨てられた、皇女・皇子の物語である。つまりこの姉弟は、イザナギ・イザナミの第一子・ヒルコをイメージして生み出されたのかもしれない。「三年足立たぬ子」と「盲目と奇病」。二人が天皇の御子というところに深い意味がある。

＊1　佐渡流罪時代　永享《えいきょう》六年（一四三四）五月、世阿弥は若州《じゃくしゅう》小浜から佐渡へ流される。原因は「観世大夫」継承問題で、将軍・足利義教の怒りに触れたためという。この時世阿弥、七十二歳。永享八年（一四三六）二月まで健在であったことは、著書『金島書《きんとうしょ》』（在島時代創作の小謡曲舞集《こうたいくせまいしゅう》）によって知られる。世阿弥が帰依した大和田原本《たわらもと》の補巌寺《ふがんじ》「納帳《のうちょう》」によれば、没年は不明であるが、忌日《きじつ》は八月八日と知れる。また八十一歳没の伝承が残る。

＊2　醍醐天皇（八八五〜九三〇）第六十代天皇。父は宇多天皇《うだてんのう》。昌泰《しょうたい》四年（九〇一）、藤原時平《ふじわらのときひら》の讒言《ざんげん》を信じて菅原道真《すがわらのみちざね》を大宰府へ流した。道真は怨霊となって、延長《えんちょう》八年（九三〇）、清涼殿《せいりょうでん》に雷を落とす。そのショックで天皇は寛明親王（朱雀天皇）に譲位、その数日後に没する。これらの道真の怨霊伝説は「天神縁起絵巻」に詳しい。一方で醍醐天皇は、延喜の聖帝と呼ばれ、勅撰集《ちょくせんしゅう》『古今和歌集』『日本三代実録』『延喜式』などの編集といった文化事業に尽くした。

＊3 『江談抄』 平安末期の説話集。大江匡房《おおえのまさふさ》の晩年の談話を藤原実兼《ふじわらのさねかね》が筆記したもの。『今昔物語集』等の説話集の成立事情と同じく匡房が語った以外の話も混入。『江談抄』の名は「大江」の〝江〟と「談話」の〝談〟を合わせたもの。後三条・白河・堀川の三代の天皇の学問の師であったこの人は、一方で『傀儡子記《くぐつき》』『遊女記』『洛陽田楽記《らくようでんがくき》』そして『続本朝往生伝』のような奇怪な書を残している。

＊4 貴種流離譚 貴い御方が流されて、漂泊し、その苦難を乗り越えて、本来の御位《みくらい》に辿り着くという譚《はなし》。最も古くは記紀神話のヒルコ。この幼神《おさながみ》は、父母に捨てられ流されるが、最後には西宮大明神となる。またスサノヲの命《みこと》は、天界を追放され、蓑笠姿《みのかさすがた》（乞食姿）で遊行《ゆぎょう》する。木地師《きじし》の祖となった小野宮惟喬親王《おののみやこれたかしんのう》も、出羽三山の開山者という能除太子《のうじょたいし》（蜂子皇子《はちこおうじ》／崇峻天皇《すしゅんてんのう》の第三皇子）もそうである。

＊5 所の者 「所の者」の「所」とは普通の人の住んでいる場所。つまり「所の者」とは定住者。能では、シテはもちろんだが、ワキの「諸国一見《しょこくいっけん》」の旅の僧も普通の人ではない。アイの演ずる「所の者」の〝所〟には深い意味があった。それで、「所の者」の住む所「在所《ざいしょ》」には科人《とがにん》が在所に逃れたら、在所の主は科人を追い出さねばならないという〝法〟があった（『塵芥集《じんかいしゅう》』）。「所払《ところばら》い」の「所」は、「所の者」の「所」である。

＊6 次第 多くは曲の内容を暗示する謡をうたう。シテ・ワキ・ツレが行う。「蟬丸」では、ワキとワキツレの二人で謡う。二人の場合は各人が舞台左右に立ち、向き合って謡う。「定めなき世」「憂き事」が蟬丸や逆髪の運命を語っている。

＊7　三人翁　父尉《ちちのじょう》・白式《はくしき》の翁・三番叟《さんばそう》と三人の「翁」が「翁舞」に出ることはあるが、この奈良豆比古神社《ならつひこじんじゃ》の〝翁〟は、シテの翁一人にワキの翁二人という構成で、三人とも白式尉（白い彩色の翁面を着けた翁）である。シテの翁が従来の「翁舞」を一通り舞ったところに二人のワキの翁が例の催馬楽《さいばら》の詞《ことば》「あげまきや　とんどうや」で加わって三人揃って祝言を述べる。
「十二月往来《じゅうにつきおうらい》」では翁が二人出て、掛け合いで十二か月の風物を謡い、相舞で舞う。古くは右の翁は白式尉、左の翁は肉式尉《にくしきじょう》（彩色が肌色の翁面を着けた翁）であった（片山幽雪師談）。

＊8　道行　出発地から目的地までの名所旧跡の地名を言い、情景を描写すること。地名を言うことは、かつての天皇の「国ぼめ」と同じく、その土地土地の地霊を慰撫《いぶ》する行為。

＊9　外道　仏教以外のすべての宗教・思想。日本においては、憑物《つきもの》などのタタリ神を外道神という。

＊10　御伽草子　狭義には江戸初期に出版された二十三編の横本《よこほん》形式の絵本。大坂の本屋・渋《しぶ》川清右衛門《かわせいえもん》が出版したので「渋川版」と言う。その中の「文正草子《ぶんしょうぞうし》」は、祝言《しゅうげん》として正月に読まれた。しかし広義には、室町時代の物語小説全般を言う。本地物・異類物・稚児物・英雄物等々多岐にわたるが、異類物の中で、植物と人間が恋をする『かざしの姫』（『菊の精物語』）などは、禅竹の「芭蕉」や「杜若」に通ずる妖異譚である。能の素材に御伽草子は多い。因みに軍記物『義経記』も御伽草子に分類される。

◉第八時限

善知鳥《うとう》　最果ての物語

◉作者　不詳／四番目物　執心男物

◉登場人物と演者

前シテ　老人（梅若　玄祥）・面　三光尉《さんこうじょう》（洞水《とうすい》作）

後シテ　猟師の亡霊（同）・面　蛙《かわず》（氷見《ひみ》作）

ツレ　猟師の妻（山本　博通）・面　深井《ふかい》

子方　千代童（武富　晶太郎）

ワキ　旅僧（福王　茂十郎）

アイ　所の者（茂山　千之丞）

◉典拠　立山地獄説話（『今昔物語集』巻第十七「堕越中立山地獄女、蒙地蔵助語　第二十七」等）／善知鳥説話

◉参考資料　菅江真澄「率土か浜ったひ」（『菅江真澄全集』第一巻所収）／内田武志「未発見本・未完成本解題」二十二「うとう考」二十三「浪岡物語・岩木山物語・うとう物語」（『菅江真澄全集』第十二巻所収）

「善知鳥《うとう》」は数ある謡曲の中でもとりわけ哀しい曲であると言えます。前回お話しした「蟬丸《せみまる》」も宮中から追放された皇子・皇女の生きる術なき哀しい人生を謡ったものですが、この「善知鳥」は日本の最果ての地・陸奥《むつ》の外《そと》の浜《はま》で鳥や獣を獲って生活するより生きる術のない猟師の、しがない人生の哀れさを実に見事に描いた名曲であると私は思います。

私が「うとう」の名を初めて聞いたのは中学生の時であったと思います。私は実母が死んだため、仙台にいた実父の手を離れて、愛知県の知多半島の尖端の内《うつ》海町《みちよう》（現・南知多町）という片田舎の伯父のもとで育ったのですが、中学生の時に仙台の父のところへ行き、優れた科学者でかつ歌人であった石原純《いしはらあつし》の、

みちのくのあさおがうたをきくときは
　うとうのごとくかなしかりけり

という歌を父から聞きました。石原純は歌人・原阿佐緒《はらあさお》との恋愛事件によって東北大学の教授職を追われたのですが、実は私の父もまた、同じような恋愛事件によって東北大学を追われたのです。それで父は石原純の運命を自己の運命のように思い、中学生の私にその歌の話をしたのだと思います。

私は石原純の歌で「善知鳥」という能があることを初めて知ったわけですが、後にこの「善知鳥」の詞章を読むことによって「善知鳥」が実に哀しい能であることを知りました。

「善知鳥」伝承

「善知鳥」は最果ての地・陸奥の外の浜の伝承を元にした曲です。その伝承には色々あるのですが、一つは以下のようなものです。

昔、允恭天皇《いんぎょうてんのう》の御代、烏頭安方《うとうやすかた》（安潟）という貴人が勅勘《ちょっかん》、即ち天子のとがめを蒙《こうむ》ってこの最果ての北の地に追放されましたが、その子も南海の果てに流され、父子は会うこともなくそれぞれの地で没しました。ところが父の安方の墓の上に今まで見たこともない鳥が飛び来たって、親鳥が「うとう」と呼ぶと、子鳥が「やすかた」と応えたと言います。そしてそれを聞いた村人たちはこの鳥は烏頭父子の生まれ変わりに違いないと思って、祠《ほこら》を建てて二人の霊を慰めました。この霊を慰めた祠は、御祭神を市杵島姫《いちきしまひめ》・多紀理姫《たぎりひめ》・多紀都姫《たぎつひめ》の宗像《むなかた》三女神として、現在も青森市安方に善知鳥神社として存在しています。この伝承を元にして藤原定家が、

みちのくの外ヶ浜なる呼子鳥《よぶこどり》
鳴くなる声はうとうやすかた

と詠じたといわれます。

このような伝承にとりわけ興味を持ったのは、民俗学の父と言われる菅江真澄《すがえますみ》です。菅江真澄は三河に生まれました。江戸時代後期の国学者で紀行家で、日本の各地を訪ねて、その地に伝えられた伝承を探ることを一生の仕事とした人です。とりわけ東北地方に彼は深く魅かれ、数十年にわたりこの地を歩き続けました。菅江真澄は『うとう考』『うとう物語』という本を書いています。しかしこの

本は今はなく、「うとう」の話は、「率土《そと》か浜つたひ」という旅行記に留まるのみです。

あるは、烏頭大納言藤原安方朝臣《あそん》といふやんごとなき君の、いづれの御世《みよ》にかにのおかしありてか、さすらへおましましてこの浦にてかくれ給ふたるが、そのみたまの鳥となりて海にむれ磯に鳴《なき》てけるを、しか名によび、その君を斎《いわ》ひ祀《まつり》て鴥（うとう）大明神と唱《とな》ふなど、浦人の耳に残《のこり》たる物語どものあり。今は棟方明神《むなかたみようじん》とあがめ奉る。（『菅江真澄全集』第一巻「率土か浜つたひ」）

おもふに、みちのおくの人、わきてこのあたりにて、空《ウツボ》なるものをさしてうとふといひ、うつぼなる木をうとふ木といふ。南部の山里に至りたるとき、のりたる駒《こま》の、とゞと、ふみとゞろかせば、いたく鳴りひゞくところあり。いかにととへば、こゝは、うとふ坂なれば、かく鳴りて侍るといらふ。ところ〴〵に空坂《ウトフザカ》、うとふ山てふ名も聞えたり。さりければこの鳥の、うな（海）のほとりに穴をほりうがちて巣つくれば、しか、とりの名を空鳥《ウトフドリ》とやいへらんかし。善知鳥沼は、鳥の多くむれあさればいひつらんか。この沼も潟《かた》にてやあらん。海《あ》士《ま》、山賤等《やまがつ》が、いやしくも潟と湖と沼とを、おほぞう、おなじさまに呼ぶたぐひのいと多し。さる潟のきしべあたりに、椰須《ヤス》てふ木などの生《お》ひたらんを潟の名と、むかし人の呼たらん。はた、弥《や》栖《す》潟《かた》にてやあらん。ふるき歌に、「みちのくのそとがはまべの喚子《よぶこ》鳥《どり》鳴《なく》なる声は善知鳥やすかた」このこゝろばへも、鳴《なき》こゑは空鳥《ウトフドリ》にてや、すめらんところはいづこなるよ、安潟ならんとおもひやり給ふたらんか。　（「同」）

これを読むと、菅江真澄がこの外の浜に伝えられる「うとう」の伝承にいかに興味を持ったかがわかります。

その理由の一つにウトウという鳥の生態が挙げられます。ウトウは土穴をくって「この世」と「あの世」を往来する鳥と、彼の地では信ぜられていたのです。真澄の出自は白太《しらだ》夫《ゆう》*1という、死者の祈禱・埋葬を行う職能者でした。菅江真澄の研究者・内田武志氏は、「真澄はおそらく白太夫の子孫の家筋として『物語』を携えて漂泊し、異国においてそれを語らねばならなかった」と言います。白太夫・菅江真澄は、鎮魂行為として説経をしました。その中に、この謡曲「善知鳥」の原話となった「うとう物語」があったのでしょう。

殺生という快楽

「善知鳥」には前場《まえば》と後場《のちば》がありますが、前場と後場が同一の場所ではなく、全く異なった場所であります。前場は越中《えっちゅう》の立山、*2 後場は陸奥の外の浜です。

まず、ワキの旅僧が登場し、「自分は諸国一見の僧であるが、まだ陸奥の外の浜を見ていないので外の浜を一見したいと思い旅に出た。しかし修験《しゅげん》の霊地である立山に来て修行したこともない」と名のります。ワキが立山に来てみると、目の前には地獄の有り様があり、恐しいこと限りありません。これが人間の運命と思うと、懺悔《ざんげ》の心が湧き上がり、ワキは山を下りようとします。

そこに奇妙な老人が現われて、「外の浜の猟師で去年の秋死んだ者がいます。陸奥へ下るならその妻や子のもとに、この蓑《みの》・笠《かさ》を届けて下さい」と頼むのです。

それを聞いたワキの僧が「届けるのは簡単だが、何か証拠がないと信用してもらえないでしょう」と言うと、その老人は自分の着ていた粗末な麻の衣の袖をちぎって、その片袖を僧に渡して別れるのです。

この「片袖」というものには実に深い意味があるようです。「片袖説話」「片袖縁起」というものがあり、大阪市平野区の大念佛寺《だいねんぶつじ》に伝わる「片袖縁起」（一巻／江戸時代）は、亡女が主人公ですが、「善知鳥」を下敷きにした説話と伝えられています。また「清涼寺《せいりょうじ》縁起」（六巻／室町時代後期）にも、「善知鳥」とほとんど同じ内容の「片袖説話」が入っています。これもおそらく、原「善知鳥」というような物語があって、念仏聖《ねんぶつひじり》*3や立山の地獄の話を絵解きした僧によって全国に運ばれたものと考えられます。

そうしてワキは外の浜までやって来て、アイの在所の者に「去年死んだ猟師の家はどこにあるか」と尋ねます。するとアイは「去年死んだ猟師の家ならばあの高く結《ゆ》った竹矢来《たけやらい》の家である」と言って、「うとうやすかた」の物語を語ります。

アイ「またこの外の浜のうとうやすかたの鳥と申すは、同じ鳥にて候へども、子と親とにて名《な》変はり候、そのゆゑは、うとう子を生まんとては、この浜の真《まさ》砂《ご》に巣をせし卵子《かいご》の上には沙《いさご》を着せて置けば、卵《かい》を破《わ》り候、親鳥餌《え》を運びて、子のある所を知らで上をうとうとうと鳴きて通り候へば、子は親の声を聞きてやすかたやすかたと鳴く、親鳥もわが子の声と聞き、餌を飼《か》ふと申し候、しかるによつてうとうとは親鳥をいひ、やすかたとは子を申し候、かの猟師はうとうの鳴くまねをよく似せ候ひて、この渚を親鳥の鳴声をまなびて通れば、やすかたやすかたと鳴くを聞きつけて取る、また親鳥をやすかたになりて取り、悉皆《しつかい》これのみにて世路《せいろ》をいとなみ申したると承《うけたまわ》り候　（「善知鳥」）

立山は白山《はくさん》とともに修験道の聖地ですが、白山が浄土であると考えられたのに対し、立山は地獄と考えられていました。この「善知鳥」において、前場の場所を立山としていることは、この曲の凄惨さを暗示し、シテの猟師が修羅地獄に落ちて苦しんでいることを深く印象づけるものでしょう。そして前場が終わり、ワキの僧はいよいよ外の浜の猟師の家を訪ねるわけです。

その家には猟師の妻と子がいましたが、旅の僧が麻の衣の片袖を見せると妻は猟師の着ていた衣を出し、それが全く同じものであることを確認します。そして立山で会ったあの老人こそ、外の浜の猟師の亡霊であったことを確信して、ワキの僧は妻に蓑と笠を渡すのです。そして僧は「南無幽霊出離生死頓証菩提《なむゆうれいしゆつりしょうじとんしょうぼだい》」つまり「どうか幽霊よ、生死の悩みを超えて速やかに成仏せよ」と祈るのです。

その祈りに応じて猟師の亡霊が出てくるのです。亡霊は僧の怨霊鎮魂の祈りを喜んで、「どうか私の罪を、霜や露が太陽に当たって消え入るように、消滅させて下さい」と頼みますが、そのようにはゆかないのです。

猟師の亡霊を見て、妻と子は猟師の方に近づいてただ泣くばかりの有り様です。猟師は親子の鳥の深い愛情を利用して善知鳥を殺したそのことを後悔して、自分も善知鳥のように子供がかわいいと思ってその子・千代童《ちよどう》の髪を撫でようとしますが、子の姿は消えてしまいます。

妻と子も猟師に声を掛けようとしますが、声を掛けようとすると猟師の幽霊は消えてしまうので、声を掛けられない。親と子はここで再会したはずなのに、声も掛けられず、いわんや互いに抱き合うことすらできないのです。これは誠に哀しい話です。

そしてシテは次のように嘆きます。

シテ〽とても渡世《とせい》を営《いとな》まば、士農工商の家にも生まれず
地〽または琴棊書画《きんぎしよが》を嗜《たしな》む身ともならず
シテ〽ただ明けても暮れても殺生《せつしよう》を営み
地〽遅々《ちち》たる春の日も所作《しよさ》足らねば時を失ひ、秋の夜《よ》長し夜《よ》長けれども、漁火《いさりび》白うして眠る事なし

シテへ九夏《きゅうか》の天《てん》も暑《しょ》を忘れ
地へ玄冬《げんとう》の朝《あした》も寒からず　（「同」）

日本の最果ての地、外の浜に生まれた猟師は、鳥獣を殺すより他に生きる術がありませんでした。そして猟師は、この善知鳥を殺した猟の様を演じます。これは「鵜飼」の漁師が自分の業《ごう》を反省しながらも、かつて彼が行った漁の楽しさを演じるのと同じような、殺生の快楽にのめり込んでいく様なのです。快楽がある故に殺生の罪は、ますます深いのです。そしてシテの猟師の亡霊は笠を鳥に見立て、追い回し最後には打ち殺す、という態《てい》をします。

地へ親は空《そら》にて、血の涙を、親は空にて、血の涙を、降らせば濡《ぬ》れじと、すがみのや、笠を傾《かたむ》け、ここかしこの、便《たよ》りを求めて、隠《かく》れ笠《がさ》、隠れ蓑《みの》にも、あらざれば、なほ降りかかる、血の涙に、目もくれなゐに、染《そ》みわたるは、紅葉《もみじ》の橋の、鵲《かささぎ》か　（「同」）

多くの能の中で、これほど哀しい科白はないでしょう。そして猟師は地獄に堕ち、今度は鷹となった善知鳥に雉《きじ》となった自分が責められる苦しみを経験するのです。立山の地獄は、この曲の最後に再び現われたと言うべきでしょうか。

以前、片山九郎右衛門（片山幽雪）師は、演者としてこの「善知鳥」の最後の「カケリ」の場面についての難しさを以下のように語って下さいました。

杖で鳥に見立てた笠を打ったり、拍子を踏んだりするところは、玄人ならば、そう難しくはないんです。それより〝業《ごう》〟を背負って永遠に苦しみの中を歩いてゆくというところが一番難しい。この時に私は、その何と申しますか、〝業の杖〟みたいなものを突いて果てしのない旅をしていると思うのです。その〝杖〟は「養老《ようろう》」の神の杖でもない。ましてや「老人の杖」でもない。もちろん「蟬丸」「弱法師」の「盲人の杖」でもない。「老女の杖」でもない。やはり〝業の杖〟――「藤戸《ふじと》」の杖[*4]を思ってもらうとわかりやすいかもしれません。私はそんな風に考えて、そこを工夫いたしております。

九郎右衛門師は「善知鳥」のような四番目物、物狂いの曲がお好きだということです。

「善知鳥」は世阿弥作か

「善知鳥」の作者は不詳ということになっていますが、私は「善知鳥」は世阿弥の曲に違いないと思います。この曲は、初期の世阿弥の曲のように縁語や掛詞を無闇に使い、古歌や古詩の引用が多すぎるということはありませんが、それでもまだ世阿弥的なレトリークがいろいろ散見されます。

またこの曲の蓑や笠、杖は「蟬丸」の持ち物と同じです。都の皇子と最果ての猟師とは、身分に大きな違いがありますが、二人の哀しみにはどこか共通するものがあります。そのような理由に加えて、私はこの「善知鳥」は、数ある謡曲の中でも最も優れた曲であり、このような曲を作れるのは世阿弥以外にいないという理由によって、この曲を世阿弥の佐渡流罪時代に作られた曲ではないかと思うのです。

真の芸術家というものは、どんなに年を取り、どんな情況下に置かれても、決して芸術創造の仕事を止めないものです。八十六歳の私もそう思って生きているわけですが、世阿弥が流罪に遭ったのは七十二歳であり、私に比べればまだまだ若い。

そしてこの曲の背後には、菅江真澄の先の文章のように、流人が鳥の霊となった話があります。そして真澄は、善知鳥とは「空《うつぼ》なるもの」であると言います。とすれば「善知鳥」は、「うつぼ舟」[*5]に乗って赤穂《あこう》の坂越《さこし》に流された秦河勝《はたのかわかつ》の運命に重なり、その悲惨な運命はまた、世阿弥の能「鵺《ぬえ》」の運命でもあります。

私は能の始祖・河勝のように、また鵺のように、世阿弥も権力者に逆らって、うつぼ舟に乗せられて佐渡へ流されたと考えていますが、「善知鳥」もうつぼ舟と深く関係しているのです。そして世阿弥の流された佐渡からはもしかしたら立山が見渡されたのではないでしょうか。佐渡もまた流人の流された最果ての地です。私はこのような運命の中で、世阿弥はつくづくと、最果ての地で殺生をする以外に生きる術のないしがない猟師の運命を思って、このような名曲を後世に残したのではないかと思うのです。

◉周辺雑記　修験の徒

陸奥の猟師の哀話である。二つの説話で構成されている。一つは富山県の立山修験が伝えた「立山地獄」の話。この話は修験者が絵解きをしながら、「悪いことをした者は地獄に落ちる」と語り、聞き手は本当にそれを恐がったという。立山の地獄語りでは「布橋大灌頂《ぬのばしだいかんじょう》」が有名である。布橋というのは、晒《さらし》の布を橋に敷いて、あるいは地面に敷いてそこを渡るというものである。決して落ちることのない布の橋を、渡る者は恐れた。

二つめは陸奥の外の浜に伝わる「善知鳥伝承」である。この伝承も都にすぐ伝えられたのではないか。その語りを運んだ者はやはり死者供養を生業《なりわい》とする者であったであろう。さらにここに「片袖説話」が入るが、この説話は融通念仏《ゆうずうねんぶつ》の徒が運んでいる。こう考えると「善知鳥」の作者はよほどに、伝承を重んじ、白太夫《しらだゆう》のような「呪者」、「絵解き」たちと親しくした者ではないか。京のあの有名な『融通念仏《ゆうずうねんぶつ》縁起絵巻《えんぎえまき》』を蔵する清涼寺《せいりょうじ》の縁起絵巻「清涼寺縁起」第六に、立山地獄に落ちた男の「片袖説話」が載る。

＊1　白太夫　死者の埋葬と関わったことで、「冥界の語り」を持って歩いた民間信仰の伝播者。彼らが「うとうの物語」を語ったのは、この鳥が「この世」と「あの世」を往来する鳥と信ぜられたからである。白太夫のもう一つの重要な語りに「さんせう太夫」がある。

＊2　立山　立山は地獄に見立てられた。そして白山は浄土に見立てられた。二つの〃山〃は「白山《しらやま》行事」で繋《つな》がる。白山修験《はくさんしゅげん》が立山にこの神事をもたらした。「白山行事」で使われた〃布〃は経帷子《きょうかたびら》、手甲脚絆《てっこうきゃはん》、頭陀袋《ずだぶくろ》や額布《ひたいぬの》（三角紙《さんかくし》冠《かん》）にして立山修験が売り歩いた。この折、白布とともに立山で採れた薬草も持って歩いた。（富山の）配置売薬の始まりである。白山修験は「お岩木様一代記」即ち「原《げん》さんせう太夫」を語り歩いた。

＊3　念仏聖　空也《くうや》の一派がその初めである。彼らは念仏を称えながら遊行《ゆぎょう》し、時代時代で「踊念仏《おどりねんぶつ》」をしたり「葬送《そうそう》」を司ったり、「大道芸」を披露したりした。因みに空也は醍醐天皇の第五皇子という。

＊4　「藤戸」の杖　助けた武将に逆に殺された浦の男の悲劇をその母が嘆く前場と、殺された男が亡霊となって武将に恨みを言う後場で構成される「藤戸」では、杖は、時に刀となり、時に舟の棹《さお》となり、と有効に使われる。殺害に使われた刀が、やがて、極楽浄土に往《ゆ》く舟を漕ぐ棹となる。観音・勢至《せいし》菩薩が、櫂《かい》と艪《ろ》で舟を操り、浦の男を極楽へ連れてゆく。この舟の名を「弘誓《ぐぜい》の舟」という。

＊5　うつぼ舟　その最初はイザナギ・イザナミの子・ヒルコを流した舟である。また神功皇后《じんぐうこうごう》は、我が子・応神《おうじん》の命を守るため「喪船《もふね》」に入れて子を流した振りをする。その時、母は、「私の赤子《あかご》は死にました。この空舟《うつぼぶね》に、その屍《しかばね》を乗せて流しましょう」と言う。

◉第九時限

山姥《やまんば》 山また山に、山廻り

◉作者　不詳／四・五番目物　鬼女物

◉登場人物と演者

前シテ　山の女（観世　清和）

・面　灵《りよう》（霊）乃女《のおんな》（龍《たつ》右衛《え》門《もん》作）

後シテ　山姥（同）・面　山姥《やまんば》（河内《かわち》作）

ツレ　百ま山姥（上野　雄三）・面　小面《こおもて》

ワキ　都の者（福王　茂十郎）

ワキツレ　供人（是川　正彦・喜多　雅人）

アイ　境川の里人（善竹　隆司）

◉典拠　不明

◉参考資料　柳田國男『山の人生』／折口信夫「翁の発生」／

小林静雄『室町能楽記』

「山姥《やまんば》」は不思議な能で、私にもまだよくわからないところがあります。

柳田國男は『山の人生』において、また折口信夫《おりくちしのぶ》は「翁の発生」において、日本の各地に伝わる山姥の伝承を語っていますが、この「山姥」という曲はこのような民俗学的伝承によって理解できるような曲ではありません。

「山姥」は第三時限でも申しました「天台本覚思《てんだいほんがくし》想《そう》」と深く結びついている能です。天台本覚思想は「草木国土悉皆成仏《そうもくこくどしっかいじょうぶつ》」という思想であると言いましたが、さらに深い思想があります。それが「煩悩即菩《ぼんのうそくぼ》提《だい》」という思想です。「山姥」は天台本覚思想の「煩悩即菩提」という思想が生んだ不思議な存在・山姥の話であると言ってよいと思います。

　山姥と言えば我々は金太郎の母を考えやすいのですが、それは近松門左衛門の「嫗山姥《こもちやまんば》」という作品によって日本人に定着した山姥のイメージで、この曲を理解するにはかえって邪魔になります。喜《き》多《た》川歌麿《がわうたまろ》などはこの近松の作った「金太郎の母」というイメージで美しい山姥を描いていますが、能の山姥は人と結婚して子供をなすような存在ではありません。それは自然の精が生み出した、人とも言えない、仏とも言えない、神とも言えない、鬼とも言えない、孤独に深山《しんざん》を山《やま》廻《めぐ》りしなくてはならない存在であります。

海の精・山の精

いろいろ問題もありますが、まずこの曲の概要を見てゆきたいと思います。

当時、都に「百《ひゃく》ま山姥」という有名な遊女があり、その遊女が「山姥の曲舞《くせまい》」をすることにより大変人気を博します。「百ま」という名は、当時有名な曲舞の名手「百万《ひゃくまん》」を暗喩しているのではないかと思われます。この「百ま山姥」が、ワキである「都の男」を伴い旅をします。

それは山姥が山廻りをするという伝承による山廻りの旅ですが、同時に「善光《ぜんこう》寺《じ》*1参《まい》り」の旅でもあります。険しい山や荒々しい海の北陸道を通って、この旅の一行は越中と越後の境の境川《さかいがわ》までやって来ます。国と国との境、村と村との境、〝境界〟の地は悪霊が住んでいる所と言われます。

さて、この境川に着いて都の男は、善光寺のある「西方浄土《さいほうじょうど》」の地へ行くには どの道を取ったらよいかと土地の男に尋ねます。男は上路《あげろ》の山を越えていくのが 一番よいが、乗り物を使うことができないと言うのです。それで百ま山姥は「も ともと修行の旅だから乗り物はここに留め置き、徒歩で参りましょう」と、その 道を行こうとするのですが、不思議なことには、まだ日暮れまで時間があるのに 突然日が暮れて、あたり一面真っ暗な闇になってしまいます。

一行がはなはだ困っていると、シテの女が現われ、「日が暮れましたから我が 宿で一夜を明かして下さい」と言います。都の男は喜んで女の庵室《あんじつ》へ落ち着きま すが、女は思いがけないことを言うのです。「あなたがたをお泊めするのは、思 う子細があるのです。そこにいらっしゃる方は都で大変有名な百ま山姥さんとお 見うけしますが、その得意な『山姥の曲舞』の一節《ひとふし》を謡ってお聞かせください」 と言います。さらに、「山姥とは、どういうものと思っていらっしゃるのです か」と問います。

ワキの都の男が「山姥とは山に住む鬼女《きじょ》であると言われています」と答えると、 「鬼女とは女の鬼ですが、たとえ鬼であっても人であっても山に住む女が山姥な ら、それは正に私の境遇と同じです。百ま山姥さんは『山姥の曲舞』を舞いながら本物の山姥のことは少しもお気になさらない。それを恨みに申しに来たのです」と、女は言います。

それを聞いて百ま山姥は「不思議な話を聞くものです。きっと本物の山姥がここに現われ出たのですね。このうえは曲舞を舞わなければ恐しいことが起こりそうです」と言って「山姥の曲舞」の一節を舞おうとすると、シテは「今は本当の夜ではないので、夜になったらまた私は姿を見せます。その時に曲舞を舞って下さい」と、かき消すように消えてしまいます。これが前場《まえば》です。

後場《のちば》に入る前に「間狂言《あいきょうげん》」があり、アイとワキの問答が始まります。これが大変面白い。まず、アイが登場して「いったい山姥とは何か」というワキの〝問〟に大変滑稽な答をしていきます。一つに、山にあるドングリが熟して谷に落ち、そこに木の葉が取りついて根が生えて、実が目となって山姥になったと言います。また一つには、山にある野老《ところ》に塵《ちり》や芥《あくた》が取り付いて手足・胴体・目鼻ができ、山姥になったとも言います。さらに、山中にある木戸《きど》が腐り、蔦《つた》や葛《かずら》がまとわりついて山姥になったとも言います。「木戸《きど》」は「鬼女《きじょ》」と言葉遊びになっていて、このような「ドングリ説」「野老説」「木戸説」を面白おかしくアイは語ります。

このアイの言葉は、曲全体の不気味さとはまことに対照的で、この曲のあまりの不気味さを和らげるものであると思います。

アイとワキの間の滑稽な問答が終わると、いよいよ山姥の登場です。百ま山姥は「あまりに不思議なことで本当とは思えないがあの鬼女の言葉に背《そむ》くまい」と、「山姥の曲舞」を舞おうとします。すると山姥が登場します。

シテ〽あら物凄《ものすご》の深谷《しんこく》やな、あら物凄の深谷やな、寒林《かんりん》に骨を打つ、霊鬼《れいき》泣く泣く前生《ぜんじょう》の業《ごう》を恨《うら》む、林野《りんにゃ》に花を供《くう》ずる天人《てんにん》、返《かえ》すがへすもきしやうの善を喜ぶ、いや善悪不二《ぜんなくふに》、なにをか恨みなにをか喜ばんや、「万箇目前《ばんこもくぜん》の境界《きょうがい》、懸《けん》河渺々《かびょうびょう》として、〽巌峨々《いわおがが》たり　（「山姥」）

この山姥は高い山・深い海の精です。都と違って、ここには都人には想像もできない峨々《がが》とした山があり、深いふかい海があります。そしてこの場所はこの世ではなく霊の世界です。「寒林に骨を打つ」「林野に花を供ずる」とは「天尊説阿《てんそんせつあ》育王譬《いくおうひ》喩経《ゆきょう》*2」の中の一つの説話に基づく言葉です。前世《ぜんせい》の悪行《あくぎょう》によって鬼となって屍《しかばね》に鞭打ち、前世の善行《ぜんこう》によって天人となって林野に散花《さんげ》するという、この世ならぬ風景です。このようなこの世ならぬ世界から自分は生み出された、と山姥は語るのです。

そしてツレの百ま山姥とシテの本物の山姥との間の掛け合いによって山姥の正体が顕《あら》わになります。山姥は姿・言葉は人であるのですが、実体は、

シテ〽髪にはおどろの雪を頂き
ツレ〽眼《まなこ》の光は星のごとし
シテ〽さて面《おもて》の色は
ツレ〽さ丹《に》塗《ぬ》りの
シテ〽軒《のき》の瓦《かわら》の鬼の形を　（「同」）

というのです。この鬼の恐しさは『伊勢物語』第六段の「鬼一口《おにひとくち》」の話にたとえられています。そしてシテは「早く『山姥の曲舞』を舞って下さい」と百ま山姥に催促し、それではと百ま山姥は、

地〽よしあしびきの山姥が、よしあしびきの山姥が、山廻《やまめぐ》りするぞ苦しき　（「同」）

と舞い始めます。するとそれを見て真の山姥は立ち上がり、今まで持っていた杖を扇に持ちかえて、「山姥の曲舞」を舞います。これこそが本当の「山姥の曲舞」であると、真の山姥は言っているのです。
それから舞台は素晴らしい「山姥」の舞となります。

シテ〽殊《こと》にわが住む山家《さんか》の気色《けしき》、山高《やまたこ》うして海近く、谷深《たにふこ》うして水遠し
地〽前には海水瀼々《かいすいじょうじょう》として月真如《つきしんにょ》の光を掲げ、後《うしろ》には嶺松巍々《れいしょうぎぎ》として風常楽《かぜじょうらく》の夢を破る　（「同」）

まさにこのような深山幽谷《しんざんゆうこく》こそ山姥の故郷であり、「山姥の曲舞」を舞って都で人気の百ま山姥という遊女にはこのような自然の精である山姥のことはよくわかるまいと言っているようです。

地〽そもそも山姥は、生所《しょうじょ》も知らず宿《やど》もなし、ただ雲水《くもみず》を便りにて、到らぬ山の奥もなし

シテ〽しかれば人間にあらずとて
地〽隔《へだ》つる雲の身を変へ、仮に自性《じしょう》を変化《へんげ》して、一念化生《いちねんけしょう》の鬼女《きじょ》となつて、目前に来たれども、邪正一如《じゃしょういちにょ》と見る時は、色即是《しきそくぜ》空《くう》そのままに、仏法《ぶっぽう》あれば世《せ》法《ほう》あり、煩悩《ぼんのう》あれば菩提《ぼだい》あり、仏あれば衆生《しゅじょう》あり、衆生あれば山姥もあり、柳は緑、花は紅《くれない》の色々《いろいろ》　（「同」）

山姥は高山深淵《こうざんしんえん》の自然がそのまま化生《けしょう》したもので、それは邪正一如《じゃしょういちにょ》、色即是《しきそくぜ》空《くう》をそのまま実現したものです。そして山姥は、時々人間と化して人間と交わります。例えば、木こりが花の蔭で重い荷物を持って休んでいると、その荷物を担いで里まで送ることもあり、また織姫《おりひめ》が糸を繰《く》るのを助けることもあります。山姥は人に知られぬようにいろいろ良いこともするのです。人の声が絶えた時に砧《きぬた》を打つのも山姥の仕《し》業《わざ》であるというのです。そして「都に帰ってこの話をしてください」と山姥は言います。山姥は再び扇を杖に持ちかえ、お別れだと言って山廻りの舞をします。これはまさに凄惨《せいさん》で雄大な山廻りの舞と言っていいでしょう。

シテ〽暇《いとま》申して、帰る山の

地〽春は梢《こずえ》に、咲くかと待ちし
シテ〽花を尋ねて、山廻《やまめぐ》り
地〽秋はさやけき、影を尋ねて
シテ〽月見る方《かた》にと、山廻り
地〽冬は冴《さ》え行く、時雨《しぐれ》の雲の
シテ〽雪を誘ひて、山廻り
地〽廻りめぐりて、輪廻《りんね》を離れぬ、妄執《もうしゅう》の雲の、ちり積もつて、山姥となれる、鬼女《きじょ》がありさま、見るや見るやと、峰に翔《かけ》り、谷に響きて、今までここに、あるよと見えしが、山また山に、山廻り、山また山に、山廻りして、行方《ゆくえ》も知らず、なりにけり　（「同」）

「山廻り」という言葉が綴《つづ》られ、山姥は豪快な立回《たちまわ》りの後、舞を舞いつつ素早く姿を消すのです。

能作に関わる「遁世者」

「山姥」の作者は世阿弥《ぜあみ》というのが、現在の能楽界の通説のようです。しかし「山姥」の作者は東国の地名に大変詳しい。それで私は、「山姥」の作者は「百ま山姥」が歩いた道を実際にフィールドワークした人であると考えるのです。もちろんその人が世阿弥であってもいいのです。世阿弥は九州のフィールドワークはしていて、「檜垣《ひがき》」などの名作にそれが反映されています。そこで気になるのが、『申楽談儀《さるがくだんぎ》』に書かれている「東国下り《とうごくくだ》」曲舞の記述です。

東国下りの曲舞、「蓬萊宮《ほうらいきゆう》は名のみして、刑戮《けいりく》に近き」、此段《このだん》名誉の所也。「南無《なむ》や三島《みしま》の明神」より、面白き所也。節《ふし》は那阿弥陀仏《なあみだぶつ》付く。西国下り《さいごくくだ》は、観阿《かんあ》節《ふし》を付く。皆作者は玉林《たまりん》也。鹿苑院《ろくおんいん》の御意《ぎよい》に違《い》して、東国に下りて、程経《ほどへ》て、此《この》曲舞を書きて、世子《ぜし》藤若《ふじわか》と申ける時、謡《うた》はせられけるに、将軍家、作者を御《おん》尋ね有《あり》て、召し出《い》だされける也。

（日本思想大系『世阿弥　禅竹』『申楽談儀』）

『申楽談儀』の記述は大変入り組んでいて解読が難しいのですが、曲舞「東国下り」の作者は玉林《たまりん》で、節は南阿弥陀仏《なあみだぶつ》（那阿弥陀仏）がつけたということは読み取れます。この作者・玉林については、小林静雄《こばやししずお》氏が『室町能楽記』の「玉林考《たまりんこう》」で『申楽談儀』に沿って、次のように述べています。

連歌師琳阿弥《りんあみ》が将軍義満の怒《いかり》に触れて東国を流浪して居《い》た時、己《おの》れの遣《や》るせない思ひを主馬《しゆめ》の盛久《もりひさ》の故事にことよせて「東国下り」の一曲を作り、以前の同僚であつた海老名《えびな》の南阿弥陀仏《なあみだぶつ》の許《もと》へ送つたものであらう。南阿弥も之《こ》れを読んで琳阿弥の哀れな境遇に同情し、精根を傾けて之れを作曲し、当時将軍義満の寵遇《ちようぐう》を受けて時めいて居た藤若丸《ふじわかまる》をして御前《ごぜん》に於いて謡はしめたのであらう。そしてこれが機縁となつて、琳阿弥が再び召し出され、同朋衆《どうぼうしゆう》に加へられたものと思はれる。これは世阿弥の元服以前のことであらうから、多分応安《おうあん》（一三六八～七五）、永和《えいわ》（一三七五～七九）の頃の出来事であらうと思ふ。「東国下り」の曲舞の華麗絢爛《かれいけんらん》を極めた文辞曲節《ぶんじきよくせつ》の裏には斯《こ》ういふ涙ぐましい逸話が秘められて居るのである。

（小林静雄『室町能楽記』「玉林考」）

小林氏は玉林即ち琳阿弥（玉林は「琳」を分解して呼んだ綽名《あだな》）は同朋衆《どうぼうしゅう》*3であるというのですが、『義経記』「御伽草子」などの室町文学の研究者・岡見《おかみ》正雄《まさお》氏は、「遁世者」と位置づけています。「遁世者」とは決して辞典にあるような、しかつめらしい出家の者「トンセイシャ」ではなく「トンゼモノ」と読み、風狂《ふうきょう》の人という意味です。そしてここでは詳しく述べませんが、琳阿弥は連歌師で時宗の徒であったろうと岡見氏は言っています。時宗の徒は二代遊行上人《ゆぎょうしょうにん》・真教《しんきょう》に代表されるように、東国をくまなく歩いています。

琳阿弥が曲舞の作者であること、その活躍が南北朝期であることから、彼を能「山姥」の作者と見ることはかなり難しいかもしれません。ただ、岡見氏の言うトンゼモノと呼ばれた風狂の人たちが能作に深く関わっていたと見ることは許されるのではないでしょうか。

またツレの「百ま山姥」の「善光寺参り」のことから、「柏崎《かしわざき》」の原作者といわれる榎《え》並《なみ》左《さ》衛《え》門《もん》五《ご》郎《ろう》*4について、そして「百万」の原曲、曲舞の「嵯峨（女）物狂」の原作者についても合わせて考えると、なかなか興味深いものがあります。「山姥」の真の作者を知るヒントになるかも知れません。

「山姥」の世界はまさに「物凄」い寂寥《せきりょう》と孤独の世界です。雪舟の描く、あの水墨画の深山の世界でもありましょう。深山の精が仮に山姥となったと言えるのです。この寂寥の世界はむしろ禅竹《ぜんちく》に近いものがあり、あるいは禅竹の手が入っているかもしれません。

百ま山姥の曲舞

この曲はどこかで、都で流行《はや》っている芸術に対する批判、さらに嘲笑の気分があります。

百ま山姥は都では「山姥の曲舞」により大人気を博す大スターです。しかしこの大スターには山廻りをする山姥というものが全くわかっていないのです。山廻りする山姥の苦しみを口では言いますが、全くそれがわからずただ民衆に喝采される「山姥」を演じているにすぎません。その山姥が深山の精であり、それは人間を超えた凄まじい自然の生んだもので、その自然の生んだ〝もの〟がいかに苦しく激しい山廻りをしているか、少しもわかっていないのです。「山姥」はそのような曲が都で流行ることに対する厳しい批判の曲とも読むことができます。

「山姥」は詞章にも「女の鬼」とあるので鬼の能には違いありませんが、この鬼はどういう鬼なのでしょうか。

能「葵上《あおいのうえ》」に出て来る六条御息所《ろくじょうのみやすどころ》は鬼です。この鬼は光源氏を愛する女たちに対する嫉妬に狂った六条御息所の生霊が化したものです。世阿弥は鬼を「砕動《さいどう》風《ふう》」と「力動風《りきどうふう》」の二つに分類しています。形は鬼だが心は人という鬼と、形も心も鬼であるという区別ですが、この山姥はどちらに属するのでしょうか。それは六条御息所の鬼のように人が狂って嫉妬のあまり鬼になったものではなく、人の心を持たない鬼でもありません。

それはまさに自然の生んだもので、「煩悩即菩提」、即ち山姥は既に菩提に達しているかのように見えます。しかしまだ煩悩が強く仏にはなり得ない、それでいてどこかに仏に近いものがある。山姥が善光寺に至る上路《あげろ》越《ごえ》の道に現われたことによって、そのことがわかります。それは人よりは仏に近いけれどもまだ煩悩が抜けず、永遠の山廻りを余儀なくされた自然の霊なのです。

山姥は「さまよえるオランダ人」のように永遠に山廻りをせざるをえないのです。このような、人でもなく、仏でもなく、神でも鬼でもない山姥という存在を生み出した作者は思想的な素晴らしい能作りを可能にした芸術家ではないかと思われます。

◉周辺雑記　不在の金太郎

「山また山に、山廻り」――この山を住処《すみか》とする女人は、化物なのか、神なのか。前場の遊女「百ま山姥」とのやりとりから一変して、本性を現わす後場への移行は、ある意味唐突である。「山姥」という作品は、浄瑠璃《じょうるり》や常磐津《ときわず》で表現される近世の「山姥」像とは大きく違う。その一番の差は、能「山姥」には、〝子〟が見えないことである。

「山姥」とは山の乳母《うば》――雷神あるいは山神との間に、この山の女神は、元気な男の子をもうける。その男の子の名は、金太郎という。この話を血みどろの劇に仕立てたのが近松門左衛門である。「嫗山姥《こもちやまうば》」。夫の怨霊を胎内に宿した妻が血まみれになって産んだ赤子が、怪童丸《かいどうまる》即ち金太郎である。金太郎の全身が赤いのは、浴びた血のせいである。この血の赤子が能では見えない。「百ま山姥」が引き受けたのであろうか。いや、「山また山に、山廻りして、行方も知らず、なりにけり」のこの

〝神〟は、「我が子愛《いと》し、我が子恋し」と山をさまようているのではないか。江戸の浮世絵師たちはこぞってこの物語を描いた。その中でも、喜多川歌麿は実に多くの山姥と金太郎を描いている。歌麿の山姥は若く美しい。

＊1　善光寺　長野市にある、京の六角堂・因幡堂《いなばどう》と同じく、古くより御堂として庶民信仰に支えられ成長した寺。近世以来、天台宗大勧進貫主《てんだいしゅうだいかんじんかんす》と浄土宗大本願尼上人《じょうどしゅうだいほんがんあましょうにん》が住職を務めた。今もその名残りで二宗が交替で寺務職を務める。因みに、尼上人は華族の子女より出た。

本尊・善光寺如来。この如来は一般の阿弥陀如来と違って、神の如く「寄り来る仏」として、託宣《たくせん》をする。善光寺の「善光」は、本田善光《ほんだよしみつ》より採った名である。故あって難波の海に捨てられていた阿弥陀が水から飛び上がって善光の背中にしがみついて離れない。善光は故郷の信州に戻り、この奇跡の仏を安置。それ以来、阿弥陀は様々に託宣をする。それは、善光の妻・弥生御前《やよいごぜん》を通じてなされた。以来、善光の子孫・若麻績《わかおみ》氏の処女《おとめ》が、巫女として阿弥陀に奉仕した。「尼上人」は伊勢の斎宮《さいぐう》に重ねられる。つまり善光寺如来はその出自より、女人と関係深く、仏とも神とも言える存在である。また聖徳太子と如来の往復書簡とされるもの（今も法隆寺にあり）が残る。

＊2　「天尊説阿育王譬喩経」『大正新修大蔵経（一切経）』第五十巻史伝部二に収録。天尊とは釈迦のこと。阿育王とはアショーカ王のこと。たとえ話を用いて、釈迦の教えを説く。

阿育王の説話は十二話で構成される。その「第一話」に詞章の言葉が載る。

＊3　同朋衆　室町時代、足利将軍家に仕えた僧体《そうたい》の特別の才を持った者。能阿弥・芸阿弥・相阿弥の親子三代が名高い。目利きがいたり、御伽《おとぎ》をしたり、立花《りつか》・茶・書等々の諸芸能に従事した。「同朋」の名は、一つに「力者《りきしや》」を言ったという。「力者」とは、力士・輿舁《かごか》き・飛脚《ひきやく》等の力仕事をする者、また医術にたけた者を言った。柳田國男は能楽はこの力者より出たと言う（「能と力者」）。

＊4　榎並左衛門五郎（生没年不詳）摂津《せっつ》猿楽《さるがく》の「榎並座」の大夫《たゆう》と思われる。世阿弥の『申楽談儀』に「榎並と世子《ぜし》（世阿弥）」と並んで登場する。また同著には「又、鵜飼・柏崎などは、榎並の左衛門五郎作也」とある。

◉第十時限

弱法師《よろぼし》　父と子の哀話

◉作者　観世元雅（ここでは世阿弥自筆本による上演）／四番目物

◉登場人物と演者

シテ　俊徳丸（観世　銕之丞）・面　弱法師《よろぼし》（伝　龍右衛門《たつえもん》作）

ツレ　俊徳丸の妻（長山　桂三）・面　小面《こおもて》

ワキ　天王寺の住僧（福王　茂十郎）

ワキツレ　従僧（福王　知登・喜多　雅人）

アイ　高安通俊（茂山　七五三）

アイ　能力（松本　薫）

◉典拠　不明

◉参考資料　『今昔物語集』巻第四「拘拏羅太子、扶眼依法力得眼語第四」／説経節「しんとく丸」／室木弥太郎『語り物の研究』／岩崎武夫『さんせう太夫考』／同『続さんせう太夫考』

今回は観世元雅《かんぜもとまさ》の能を観ることにします。

元雅の能には「歌占《うたうら》」「隅田川《すみだがわ》」「重衡《しげひら》（笠卒都婆《かさそとば》）」「盛久《もりひさ》」などがあります。その中で特に有名なのが「隅田川」です。しかし私は元雅の能を論ずるに当たって「弱法師《よろぼし》」を選びました。

元雅は世阿弥《ぜあみ》の子で、世阿弥が彼の後継者として「観世大夫《かんぜだゆう》*1」とした人間であります。世阿弥は能の将来を元雅に託したのです。しかし残念なことには彼は若死します。この元雅の死を世阿弥はひどく哀しみ、『夢跡一紙《むせきいっし》』という小文を書いています。これは老齢の世阿弥を襲った身も世もあらぬ哀しみの文で、彼は自己の能の将来は失われたと深く嘆いています。そしてこの元雅の死については、「上嶋家文書《うえしまけもんじょ》」に「伊勢国津《つ》の木造殿《こづくりどの》の屋鋪《やしき》に足利家従斯波兵衛三郎《かじゅうしばのひょうえのさぶろう》と云う者殺す」とあります。中世史家の今谷明《いまたにあきら》氏はこの記述は間違いなく、元雅は南朝方の越智《おち》氏と関係があり、将軍・足利義教《よしのり》の勘気《かんき》に触れて殺された可能性が大であると述べています。

元雅の能は、このような夭折《ようせつ》の運命を持った悲劇的な人生と深く関係しています。彼の能には多く、どうしようもない死の運命を嘆く主人公が登場し、救いのない魂の叫びを語ります。文体も一種不思議な文体で、すべての言葉が深い心の闇を語っているようです。

このような元雅の作品の中にあって「弱法師」は少し違った味のある複雑な能であるように思われます。深い闇の中にキラキラ光る救いの明かりが射し、闇と光のコントラストの顕著な能であると言えます。

この「弱法師」には「世阿弥自筆本」*2というものが残されています。その内容は現行曲とは大分違うのです。ここでは世阿弥自筆本に基づいてお話しいたします。

日想観と四天王寺

この「弱法師」の話をするためには、四天王寺《してんのうじ》*3と日想観《にっそうかん》について論ずる必要があります。

日本には古来から朝日・夕日を拝む習慣があります。特にお正月には伊勢の二《ふた》見浦《みがうら》の二つの岩の間から昇る朝日を拝みます。それは復活した太陽を喜ぶ儀式です。そしてまた大和の当麻町《たいまちょう》（現・葛城市）と河内の太子町《たいしちょう》にまたがる二上山《ふたかみやま》の二つの峰の間に落ちる夕日を拝む習慣があります。これもまた太陽の死を惜しみ、そして再生を祈る儀式だと思います。この古い儀式が浄土教に取り込まれますと、夕日が落ちる遥か西方にある極楽浄土を拝む儀式になります。

このような儀式が最も盛んであったのが四天王寺です。四天王寺の西門《さいもん》は「極楽浄土の東門《とうもん》」と考えられ、そこから西の空に落ちる夕日を見て極楽浄土を想い、極楽浄土に憧れる宗教儀式が盛んに行われるようになります。「観無量寿経《かんむりょうじゅきょう》」では念仏によって極楽浄土へ往生すると説かれます。

ここで「念仏」というのは、極楽浄土の有り様を観想《かんそう》し、目を開いても瞑《つむ》っても極楽浄土と、そこにおられる阿弥陀仏の有り様をありありと見ることとです。

しかし法然《ほうねん》・親鸞《しんらん》の浄土教は、念仏をこのような観想の念仏ではなく、口で「ナムアミダブツ」と称える口称念仏《くしょうねんぶつ》とすることによって、観想という行《ぎょう》のできない女人・悪人を含む凡夫《ぼんぷ》もまた極楽往生できるとしたのです。しかし法然・親鸞の浄土教が流行した後も、やはり四天王寺では、特に太陽が真西に落ちると言われるお彼岸の中日《ちゅうにち》に夕日を拝む習慣はずっと続けられたようです。そしてこの四天王寺の西門の外は、この世で生きる術を失った乞食《こつじき》・病者が集まっていて、せめてあの世への往生を願う場所になっていました。

そのような中に弱法師と呼ばれる乞食の僧がいました。なぜ「よろぼし」かと言いますと、目が見えないため、よろよろと歩くのでそう呼ばれたと言います。

元雅の「弱法師」もそのような弱法師集団の一人を主人公としたのですが、この弱法師を主人公とした話は、能ばかりではなく、説経節にもあります。説経節の「しんとく丸」は、まさにこの四天王寺の西門の外にたむろする弱法師の一人を主人公とした物語です。説経節「しんとく丸」は、「小栗判官《おぐりはんがん》」「山椒太夫《さんしょうだゆう》」「苅萱《かるかや》」「愛護の若《あいごのわか》」などと並んで、一般に五説経《ごせっきょう》と言われるほど有名な作品です。

私は、説経節「小栗判官」を題材にしてスーパー歌舞伎「オグリ」を作りました。「しんとく丸」を今回読んで、大変に興味深い作品で、これも時間さえあればスーパー歌舞伎にしたいと思ったほどです。

能の「弱法師」と比べると、説経節の「しんとく丸」は、はるかに悲惨で波瀾《はらん》万丈《ばんじょう》な物語です。そして神さま、仏さまも、たくさんお賽銭《さいせん》をあげると悪い人間の言うことを聞いてしんとく丸を酷い目に会わせるような神仏で、能の神仏とは大分違います。

さて、能の「弱法師」は、四天王寺で施行《せぎょう》があるというのでやってきたシテの俊徳丸《しゅんとくまる》と、ある人の讒言《ざんげん》によってその俊徳丸を追い出してしまった父・高安《たかやす》の通俊《みちとし》が出会う話なのですが、世阿弥自筆本ではシテの俊徳丸に施行を行うワキが天王寺の住職であるのに対し、現行曲ではワキが高安の通俊になっていて、住職は登場せず、施行をするのは父である通俊なのです。この点は、施行をするのは天王寺の住職であるとする自筆本の方が自然でしょう。

また自筆本では、現行曲では出ないツレが登場します。ツレは俊徳丸の妻です。自筆本ではこのツレの妻が重要な役割を担います。ツレはシテと掛け合いで日想観について語ります。それを受けて俊徳丸は、昔、目の開いている時に見た難波の海の風景を懐かしく語ります。

盲目の弱法師・俊徳丸にしっかりした妻があるのは不自然であるように思われます。しかしこの妻を出すことによって、「弱法師」という曲はキラキラ輝く曲になっているのです。

なお、世阿弥自筆本を底本とする日本古典文学大系『謡曲集』上（岩波書店）

では、高安の通俊はツレもしくはワキツレとしていますが、自筆本では「通俊」と記されるのみです。今回はアイとして茂山《しげやま》七五三《しめ》師によって演ぜられます。

「九曜」——その救いの光

自筆本によると、まず天王寺の住職であるワキが登場し、「天王寺の西門《さいもん》にある石の鳥居にて大施行を行うというので近隣の人々が大勢、施行を受けに集まっている。特に今日は彼岸《ひがん》の中日なので日想観を拝もうとして、いつもより多くの人々が集まっているので、立派に施行を行いなさい」とワキツレの従僧に命ずるのです。

するとシテの俊徳丸が妻に連れられて登場し、自らの運命を嘆きます。「前世が悪かったのであろうか、人の讒言によって勘当され、その涙によって盲目と成り果てた」と、自己の人生を哀しむのです。そして、このような自己の人生を、玄宗《げんそう》皇帝の怒りに触れ果羅《から》の国へ流されたが、天が無実の罪を憐れみ、九曜《くよう》[*4]の形を現わして闇を照らしたという唐の僧・一行《いちぎょう》に重ねて語るのです。そしてその闇の中の光を表わしたものが、密教の「九曜曼陀羅《くようまんだら》」の初めだというのです。

次にワキの住職とシテの弱法師の問答になります。この問答で面白いのは、弱法師の袂《たもと》に梅の花が散り掛かった話です。シテの俊徳丸はワキの住職が「梅」と言ったのを、「わざわざ梅と言わなくとも、梅は花の代名詞のようなもの、ただ〝この花〟と言えば、それで梅のことを言っているのですよ」と、教養のある言葉を返します。

この梅というのは、「難波津に咲くやこの花冬こもり今は春べと咲くやこの花」という歌で有名な「難波津の梅」です。その梅がよろよろ歩く乞食の弱法師の袖に掛かります。それを見て、住職は「これはたいへん優美なことだ、この花を袖に受けるとしたら、花も仏の施しを受けるというものです」と言います。すると弱法師はそれを受けて、「草木国土悉皆成仏《そうもくこくどしつかいじようぶつ》と言うけれど、人間ばかりか草木も、生きとし生けるもののすべては仏の大慈悲にふれて成仏するのですよ」と言うのです。この思想は世阿弥の「高砂」にも語られていましたが、「草木国土悉皆成仏」は能の根本思想ではないかと思います。

そして、梅の花が出てくることが、この本来暗いストーリーの能にキラキラした輝きを与えるのです。そこには深い心の闇もあるけれども、「九曜曼陀羅」のような美しい星々の救いの光が射しているのです。

そこで俊徳丸は、釈迦《しやか》滅後、弥勒《みろく》の出現まで、まだまだ遠い「闇の世の民」を救おうとした聖徳太子と太子の建てられた四天王寺を讃美します。その讃美が終わると、俊徳丸とその妻との掛け合いで「日想観」について語られます。

ツレ「のうのう日想観《につそうがん》今なりとて皆《みな》人びとの拝み候

シテ〽げにもげにも日想観の時節《じせつ》よのう、さりながら盲目なればそなたとばかり

ツレ〽心あてなる日に向かひて

シテ〽東門《とうもん》を拝み南無阿弥陀仏《なむあみだぶ》

ツレ〽のう東門とは謂《い》はれなや、ここは西門《さいもん》石の鳥居《とりい》

シテ〽あら愚かや天王寺の、西門《さいもん》に出でて極楽の、東門に向かふは僻事《ひがこと》か

ツレ〽げにげにここは難波《なにわ》の寺の

シテ〽西門に出《い》づる石の鳥居の

ツレ〽阿字門《あじもん》に入つて

シテ〽阿字門を出づる

ツレ〽阿弥陀のみ国も

シテ〽極楽の
シテ・ツレ〽東門に、向かふ難波の西の海、入り日の影も舞ふとかや
（日本古典文学大系『謡曲集』上「弱法師」）

この科白のやりとりで「日想観」とはどういうものかがわかります。ツレの俊徳丸の妻は、ここでは、シテと同じほどに重要な存在です。

日本中世文学の研究者・岩崎武夫氏の『さんせう太夫考』『続さんせう太夫考』を読むと、この俊徳丸の妻というのは永遠の母性を意味し、観音の権化ではないかと思われます。女性の救済者を出すことによって「弱法師」という能が、より深い宗教性を持ったことは否定できません。説経節「しんとく丸」で、四天王寺の床下に住む弱法師の一人となったしんとく丸を救う妻の蔭山長者《かげやまちょうじゃ》の娘・乙《おと》姫《ひめ》は、妻であると同時にしんとく丸の〝母〟なのです。

シテとツレの「日想観」についての掛け合いの後に俊徳丸は、「自分は盲目の身であるからこの素晴らしい景色を拝むことはできないと人は笑うかもしれない。しかし私は盲目となる前、この難波津の素晴らしい有り様を常に見ていた」と言い、その昔見た難波津の有り様を語ります。

シテ〽詠《なが》めしは月影《つきかげ》
地〽詠めしは月影、今は入《い》り日《ひ》ぞ落ちかかるらん、日想観《にっそうがん》なれば曇《くも》りも波の、
淡路絵島須磨明石《あわじえしますまあかし》、紀《き》の海《うみ》までも見えたり見えたり、満目青山《まんもくせいざん》は心にあり
シテ〽おう
地〽見るぞとよ見るぞとよ、さて難波の浦の致景《ちけい》の数々
シテ〽南はさこそと夕月《ゆうづき》の、住吉の松原
地〽東のかたは時を得て
シテ〽春の緑の日下山《くさかやま》
地〽北はいづく
シテ〽難波《なにわ》なる
地〽長柄《ながら》の橋の徒《いたず》らに、かなたこなたと歩く程に、盲目の悲しさは、貴賤《きせん》の人
に行き逢ひの、転《まろ》び漂《ただよ》ひ難波江《なにわえ》の、足元はよろよろと、げにもまことに弱法師
とて、人は笑ひ給ふぞや、思へば恥づかしやな、今は狂《くる》ひ候ふまじ、今よりさ
らに狂はじ　（「同」）

このように俊徳丸は、盲目ながら昔見た難波津の夕暮れの風景を思い出し、夢中になって語り、あっちへ、こっちへと歩くのですが、盲目の哀しさ……人々に行き当たって足もとはよろよろ……そして、ついに倒れ、人々に笑われてしまいます。おそらくこの場面は能「弱法師」の見せ場であり、能役者の最も力演するところです。

そのよろよろと倒れた弱法師こそ、自分が追い出した息子・俊徳丸に違いないと通俊は気付いていたのですが、人前で名のるのも恥ずかしいので、夜を待って、弱法師に「名を名のってくれ」と言うのです。弱法師が「自分は高安の里の俊徳丸の成れの果てである」と言うと、通俊は「私はお前の父の高安の通俊だ」と答えるのです。

そして俊徳丸とその父・通俊は、互いにこれは夢かと胸ふるわせて喜びあうのですが、俊徳丸は自分の盲目のみすぼらしい姿を、たとえ実の父とは言え、見られたのは恥ずかしいと、あらぬ方へ逃げようとします。逃げる俊徳丸を父は追い、手を取り、「親子の間で何の遠慮があるものか、さあ、帰ろう、一緒に帰ろう」と闇の中、高安の里へ、二人帰ってゆくのです。

父・世阿弥と子・元雅

この「弱法師」はどこか観阿弥作の「百万《ひゃくまん》」と似ているところがあります。ただ話全体は「百万」より、この「弱法師」の方がより悲劇的です。なぜか、元雅の能には父と子の別れ、母と子の別れの曲が多いのです。

それはどこかに元雅の実人生の反映があるのではないかと思うのです。世阿弥の跡継ぎは結局、元雅に決まりましたが、一時、世阿弥は甥の音阿弥《おんあみ》を跡取りにしようとしました。また、「上嶋家文書」にある元雅の兄で優れた能役者と言われた金花丸五郎元次も跡継ぎ候補だったに違いありません。跡継ぎ問題をめぐって、元雅と父・世阿弥との間に何らかの意志の行き違いがあったのではないかと私は推察しています。

しかし、「弱法師」を世阿弥が書写したことは、元雅の作品を世阿弥が大変評価したということです。この曲は他の元雅の曲と比べても、深い闇の中にキラキラ救いの光が輝く見事な能になっています。このキラキラ輝く描写に世阿弥の〝手〟が入っているのではないかと思います。

◉周辺雑記　「身毒丸」まで

世阿弥自筆本による「弱法師」は、観世《かんぜ》銕之丞《てつのじょう》師に言わせると、妻とともに出ることで、歌舞伎の世話物の雰囲気となるという。人形浄瑠璃の「壺坂霊験記《つぼさかれいげんき》」に近いとも。現行曲では、シテは盲目の乞食であっても、美少年であり、象徴的存在として描かれる。観ていて入りやすいのは、妻を伴う自筆本の方である。「弱法師」も人気が高い。この盲目の人の語りも説経節から歌舞伎まで伝えられ、折口信夫は「身毒丸《しんとくまる》」という小説を書いている。

能では、弱法師の悲惨な運命というものに深く触れない。しかし「説経節」ではくどくどと語られる。弱法師の不幸は、その父母の前世にあった。説経節や御伽草《おとぎぞう》子《し》の常套句「子のない夫婦が神仏に祈って、神仏の申し子として一子を得る」という始まりの一節は、説経節『しんとく丸』では、清水の観音に祈って一子を得たとある。しかしその申し子の不幸は、父母が前世で、殺生をし、「子種」を断ったことによるという。その辺も執拗にくどくどと語られる。しかしこの語りがあって「弱法師」は生まれたのである。

*1 観世大夫 「大夫」とは、芸能の民の呼称。御師《おし》などの神社の宣伝をする、今で言うガイドも大夫と言った。例えば、伊勢神宮の〇〇太夫。その起源は神名「百太夫」（白太夫）から発する。この神を祀った人が「太夫」の名を戴いた。有名な西宮神宮の百太夫大神は、「道君坊百太夫大神」と言って、その御正体は神話のヒルコである。元雅は三代目であったが、早世したためか、後世、三代目観世大夫は、音阿弥となっている。

*2 世阿弥自筆本（「弱法師」） 現行の「弱法師」は美少年というイメージでとても妻のいるような設定は考えられないが、世阿弥は、「説経節」と同じく〝妻〟を登場させている。大黒舞《だいこくまい》の「俊徳丸」にも妻が出る。妻の名はともに「乙姫《おとひめ》」という。

*3 四天王寺 聖徳太子が日本初の宗教戦争で物部守屋《もののべのもりや》と戦った時「もしこの戦いに勝ったなら、ヌルデの樹で四天王（多聞天《たもんてん》・広目天《こうもくてん》・増長天《ぞうちょうてん》・持《じ》国天《こくてん》）を造り、寺を建てて安置しよう」と言ったことにより、「四天王寺」は生まれる。天王寺とも言う。四天王寺には、念仏聖《ねんぶつひじり》が集まった。その中に、日没を観じて西方の浄土を願う「日想観《にっそうかん》」を強く信じて、ここから極楽へ行こうと入水往生《じゅすいおうじょう》を遂げる者が跡を断たなかった。「一遍聖《いっぺんひじり》絵《え》」にその様子が描かれる。

*4 九曜 星信仰である。「星供《ほしく》曼陀羅《まんだら》」という「星祭り」に使われるマンダラに「九曜」は描かれる。太陽・月・火星・水星・木星・金星・土星（以上で七星）に、架空の星で、蝕星《しょくせい》（隠星《いんせい》）とも呼ばれる恐しい悪星《あくせい》、羅睺《らご》星・計都《けいと》星を加えて九星とし、占星術を行う。修験者《しゅげんしゃ》・陰陽師《おんみょうじ》などが運んだ信仰である。

◉第十一時限

杜若《かきつばた》　歌舞の菩薩

◉作者　金春禅竹／三番目物

◉登場人物と演者

シテ　杜若の精（大槻　文藏）

・面　若女《わかおんな》

ワキ　旅僧（福王　和幸）

◉典拠

「冷泉家流伊勢物語抄」（片桐洋一『伊勢物語の研究〔資料篇〕』所収）

『伊勢物語』七段・八段・九段／

『鴉鷺物語』第一「和歌管弦郢曲事」／『明宿集』／

◉参考資料

伊藤正義「謡曲『杜若』考」（『文林』第二号所収）

今回から二回にわたって金春禅竹《こんぱるぜんちく》の能の話をいたします。

禅竹は能楽の本家というべき金春流の宗家《そうけ》に生まれました。その始祖を辿れば秦河勝《はたのかわかつ》に至る家柄です。

その禅竹が世阿弥《ぜあみ》の娘を娶《めと》り、世阿弥の娘婿になったのです。そして世阿弥が佐渡に流罪になった後、残された世阿弥の妻・寿椿《じゅちん》を手厚く世話した、と伝えられています。

このような禅竹が世阿弥の能から深い影響を受けていることは間違いありませんが、一つだけ大きく違う点があります。それは前にも述べた「好色」という問題です。

世阿弥には『源氏物語』を題材とした能として「浮舟《うきふね》」がありますが、詞章を書いたのは別の人物で世阿弥は曲を付けたのみです。また『伊勢物語』を題材とした能に「井筒《いづつ》」があります。「井筒」は優れた能ですが、人待つ女の狂乱の苦しみを描いたもので、『伊勢物語』の主人公・在原業平《ありわらのなりひら》の好色精神に対しては批判的であります。

ところが今回お話しする禅竹の場合、『伊勢物語』を題材とした「杜若《かきつばた》」においては、好色の人生を全くほしいままに送った業平が歌舞の菩薩として賞讃されています。禅竹は好色男・業平を菩薩とするのです。また禅竹は『源氏物語』を題材、あるいは背景にして「野宮《ののみや》」「玉鬘《たまかずら》」「定家《ていか》」などを作っていますが、好色の文学の肯定という点で、禅竹と世阿弥では大いに異なるのです。

業平の冠と高子の衣

「杜若」という曲は不思議な曲です。

話の筋も大変簡単で、ワキの旅の僧が杜若の名所、業平縁《ゆかり》の三河国《みかわのくに》・八橋《やつはし》を訪ねるのですが、そこにシテの女性が現われ、この地の由緒を語ります。この話は『伊勢物語』九段に見られるものです。

むかし、男ありけり。その男、身を要《よう》なきものに思ひなして、京にはあらじ、東《あずま》のかたに住むべき国求めに、とてゆきけり。もとより友とする人、ひとりふたりしていきけり。道知れる人もなくてまどひいきけり。三河の国、八橋といふところにいたりぬ。そこを八橋といひけるは、水ゆく河のくもでなれば、橋を八つわたせるによりてなむ、八橋といひける。その沢のほとりの木のかげに下《お》り居《い》て、かれいひ食《く》ひけり。その沢にかきつばたいとおもしろく咲きたり。それを見て、ある人のいはく、「かきつばたといふ五文字《いつもじ》を句のかみにすゑて、旅の心をよめ」といひければ、よめる。

　唐衣《からころも》きつつなれにしつましあれば
　はるばるきぬる旅をしぞ思ふ

とよめりければ、みな人かれいひの上に涙落してほとびにけり。

（新潮日本古典集成『伊勢物語』九段）

これは『伊勢物語』の中でも特に有名な話です。そしてシテの女は、旅の僧を我が宿へと誘います。

シテ「見苦しく候へども、わらはが庵《いおり》にて一夜をおん明かし候へ　（「杜若」）

するとワキは、

ワキ「あら嬉しややがて参り候ふべし　（「同」）

と言います。

そしてシテは業平が「豊明《とよのあかり》の五節《ごせち》の舞」[*1]に被《かぶ》った冠と清和天皇《せいわてんのう》の后・藤原高子《ふじわらのたかいこ》（二条后《にじょうのきさき》）の色輝く唐衣《からころも》を身に着けます。つまり「物着《ものぎ》」をします。「井筒」においては業平の妻である紀有常《きのありつね》の娘が「物着」で業平の冠と直衣《のうし》を身に着けました。そしてその姿を井戸の水に映して業平を偲《しの》びます。これはまさしく井筒の女、業平の妻・紀有常の娘以外の何者でもありません。しかし「杜若」は、女性であるシテが男装して舞うという点では「井筒」と大変よく似ているのですが、意味は全く違うのです。この女性は実は、「杜若の精」であります。そして同時に在原業平でもあり、また二条后・高子でもあるのです。このような解釈は『伊勢物語』には、全くありません。「杜若」は『伊勢物語』を題材にした曲であると多くの研究者に言われてきましたが、実はこの解釈は『伊勢物語』にはなく、中世の『伊勢物語』の「注釈書」に出てくる解釈です。

中世注釈書の世界

伊藤正義氏に「謡曲『杜若』考」（「文林」第二号　昭和四十二年）という論文があります。この論文で伊藤氏は「杜若」という曲が『伊勢物語』によって書かれたというより、中世の『伊勢物語』のはなはだ特殊な解釈に基づいて作られた「注釈書」によっていると述べています。それは秘伝と言われる、荒唐無稽なとても採用しがたい説です。

「注釈書」によれば、繰り返しますが、シテの女性は「杜若の精」であると同時に業平であり、また彼が通じた天皇の后・高子でもあります。そしてここが非常に重要なのですが、高子は個人ではなく、業平が関係したすべての女性であるというのです。それればかりか業平は、イザナギの命《みこと》や柿本人麻呂の生まれ変わりであるとか、住吉大明神そのものであるとかいわれ、つまり衆生済度《しゆじようさいど》のため、仮にこの世に現われた歌舞《かぶ》の菩薩であると賞め讃えられているのです。

『伊勢物語』の初段に、

むかし、男、うひかうぶりして、平城《なら》の京《きよう》、春日《かすが》の里にしるよしして、狩に往《い》にけり。（『伊勢物語』初段）

という文章がありますが、中世の注釈書によれば、この話は仁明天皇《にんみようてんのう》の御代《みよ》のことで、業平は三月三日に春日の祭の勅使として透額《すきびたい》の冠を許され、そして新嘗祭《にいなめさい》の翌日、宮中で本来は女性の舞う舞である「五節《ごせち》の舞」を舞ったというのです。このような『伊勢物語』初段の解釈は、中世の『伊勢物語』の注釈書にのみ出てきて、他の文献には出てきません。しかし禅竹はその解釈を全面的に用いているのです。

また、三河国・八橋で業平が詠んだ、

唐衣きつつなれにしつましあれば
　はるばるきぬる旅をしぞ思ふ

という歌も、都に残してきた妻に送ったもので、高子に送ったものとはとても考えられませんが、中世の注釈書は、それは高子に送ったものであると解釈するのです。「杜若」はこの解釈をとり、「唐衣」を高子の着けた唐衣であるとします。しかも、この高子は一人の女性ではなく、業平の関係した貴賤さまざまのすべての女性を含んでいるというのですから、これは驚くべき解釈です。そして三河の「三」とか八橋の「八」とか「くもで（蜘蛛手）」というものは「多くの女性」という意味を表わしているというのです。

地〽しかるにこの物語、その品《しな》多きことながら、とりわきこの八橋や、三河の水の底《そこ》ひなく、契りし人びとの数かずに、名を変へ品を変へて、人待つ女、物病み玉簾《たますだれ》の、光も乱れて飛ぶ蛍の、雲の上まで往《い》ぬべくは　（「杜若」）

ここでいう「人待つ女」「物病み」「玉簾」という三人の女性は、

三人とは、二条后・染殿后《そめどののきさき》・四条后等也。

（片桐洋一『伊勢物語の研究〔資料篇〕』「冷泉家流伊勢物語抄」）

というのです。業平は名も知れぬ田舎女とも関係したといいます。「三河」というのはとりわけ業平と関係の深いその三人の女性を表わすのですが、「八橋」については、

八橋とは、八人をいづれも捨《す》てがたくて思ひわびたる心也。八人とは、三条《さんじよう》町《のまち》・有常娘・伊勢・小町・定文娘《さだぶみのむすめ》・初草女・当純娘《まさずみ》・斎宮《いつきのみや》、此《この》八人也。（「同」）

と中世の注釈書ではされます。そして多くの女性と関係した業平こそ歌舞の菩薩で、観音の化身であったというのです。

本覚思想の菩薩

一条兼良《いちじようかねら》*2作といわれる御伽草子《おとぎぞうし》『鴉鷺物語《あろものがたり》』*3に次のようにあります。

中にも、こゝろたくみに、たくひなき、権者《ごんじや》をいへは、在原業平、小野小町、なるへし、ともに、たはれを、たはれめ、となりて、ちかひの道に、たよりをあはす
かの中将は、極楽世界の、歌舞の菩薩、正観音《しようかんのん》の、化現なり、内には、ひそかに、ちかひの道を、まもると、いへとも、外には、みたりに、色をむさほるに似たり
然《しか》れは、三千七百三十三人に、ちきりて、ひとりをも、おかさす、と云《いう》、哥《うた》に、しるらめや、我にあふ身の、世の人の、くらきにゆかぬ、たより有《あり》とは、といひて、我に契る所の女をして、みな仏果《ぶつか》に、いたらしめんとなり
住吉《すみよし》の行幸《みゆき》には、大ひのすいしやくを、思ひいて、岸のひめ松、いく代《よ》へぬらんと詠《えい》し、五条のあはら屋にては、本地《ほんじ》の風光をわすれす、月やあらぬとなけく
けゐん、かきりありて、元慶《がんぎよう》四年五月廿八日、いぬのこくに、五十六にして、北にむかひて、おはり給ひぬ

（『室町時代物語大成』第二『鴉鷺物語』第一「和歌管絃郢曲事《えいきよくのこと》」）

「杜若」はこのような説を、ほぼそのまま用いているようです。

シテ「また業平は極楽の、歌舞の菩薩の化現《けげん》なれば、詠み置く和歌の言の葉までも、みな法身説法《ほっしんせっぽう》の妙文《みょうもん》なれば、草木《そうもく》までも露の恵みの
シテ〽仏果《ぶっか》の縁《えん》を弔《とむ》らふなり　（「杜若」）

地〽秋風吹くと、かりに現はれ、衆生済度《しゅじょうさいど》のわれぞとは、知るや否《いな》や世の人の
シテ〽暗《くら》きに行かぬ有明《ありあけ》の
地〽光普《あまね》き月やあらぬ、春や昔の春ならぬ、わが身ひとつは、もとの身にして、本覚真如《ほんがくしんにょ》の身を分け、陰陽《いんにょう》の神と言はれしも、ただ業平のことぞかし　（「同」）

業平の「月やあらぬ、春や昔の春ならぬ、わが身ひとつは、もとの身にして」という、かつて恋人の高子と逢引きをした五条の宮の跡を訪れ彼女を偲《しの》んだ歌――「春は昔の春ではなく、月も昔の月ではない」と歌った失恋の名歌を、無常の世を嘆きながら、自らは本覚の菩薩であるという天台本覚思《てんだいほんがくし》想《そう》を述べた歌だと中世の注釈書は言うのです。

ここで天台本覚思想が出てきます。世阿弥の「高砂」にも出てくる「草木国土《そうもくこくど》悉皆成仏《しっかいじょうぶつ》」という言葉が語られています。しかし禅竹の天台本覚思想は、世阿弥の思想とは大分違うようです。つまり多くの女性と関係し、煩悩のままに人生を生きたと思われる業平は、実は暗い煩悩の道で迷う女人に、男女の道・歌舞の道を教えて女性たちを救った「菩薩」であったのです。これは天台本覚思想と言うよりは、摩多羅神《まったらじん》*4崇拝に始まる、いわゆる邪教とされた「玄旨帰命壇《げんしきみょうだん》」*5の教えで、真言《しんごん》では「男女和合《だんじょわごう》」をその根本理念に据《す》えた立川流《たちかわりゅう》に受け継がれた思想であるように思われます。

この点について禅竹はその著書『明宿集《めいしゅくしゅう》』において、次のように語っています。

人ノ代《よ》トナリテ、歌道《かどう》ノ家ニ生《むま》レテワ、伊勢物語ノ作者在五中将《ざいごちゅうじょう》業平、カタイ翁《おきな》ト言ワレテ、愚痴《ぐち》ノ女人《にょにん》ヲ導キ、陰陽《いんよう》ノ道ヲ教エシメ、古今集ノ歌仙《かせん》ニ至《いたつ》テワ、三人《みたり》ノ翁ト名付ケテ、一体分身《ふんじん》ヲ現《あら》ワシテ、生老病死《しょうろうびょうし》ノ歌ヲ詠マシム。コレミナ権化《ごんげ》ノ示現《じげん》、名《な》ワ呼ブニヨテ応ズル慣ラヒ、豈《あに》コノ妙身《みょうしん》ニテアラザランヤ。

（日本思想大系『世阿弥・禅竹』『明宿集』）

まさにこのような禅竹の思想を顕《あら》わに語ったのが「杜若」でありましょうが、これは井原西鶴の『好色一代男』『好色五人女』に通ずる思想です。

そしてこの能の最後は、

地〽袖白妙《そでしろたえ》の、卯《う》の花の雪の、夜もしらしらと、明《あ》くる東雲《しののめ》の、あさむらさきの、杜若《かきつばた》の、花も悟りの、心ひらけて、すはや今こそ、草木国土《そうもくこくど》、すはや今こそ、草木国土、悉皆成仏《しっかいじょうぶつ》の、御法《みのり》を得てこそ、失《う》せにけれ　（「杜若」）

となります。

禅竹の能には、最後にすべてが壊れてしまい、荒寥《こうりょう》となって終わるものが多くあります。このような本覚の菩薩として多くの女性を仏道、歌舞の道に導いた業平自身もまた、「杜若の精」及び高子を初めとする彼と関係したすべての女性の霊とともに、はかなく消えてしまうのです。

◉周辺雑記　両性具有

カキツバタという植物の精と歌舞の菩薩の話である。カキツバタの精は、在原業平の愛した二条后《にじょうのきさき》・高子《たかいこ》、歌舞の菩薩は、歌人・業平というが、能では、一人の女がその男女を演じる。両性具有的妖異。

一般に「草木成仏」と「女人成仏」が一体となった曲というが、その背景を知らずに観れば、業平と高子の「恋物語」である。同じく色好み・業平の恋物語「井筒」では業平の相手は紀有常《きのありつね》の娘であったが、ここでは、二条后という高貴な女性である。花やかな恋の曲として観てもよいのだけれど、その詞章に、「業平は歌舞の菩薩の化現なれば、詠み置く和歌の言の葉までも、みな法身説法《ほっしんせっぽう》の妙文《みょうもん》なれば……」とあれば、作者・禅竹の作意を読み取らない訳にはゆかない。そしてこの曲の背景に、歌神としての住吉明神が、歌聖としての柿本人丸（人麻呂）がいて、その二人が業平と合体して、三位一体となり「歌舞の菩薩」という言葉を引き出している。中世の歌論書に描かれた荒唐無稽な世界である。

＊1　豊明の五節の舞　皇室行事の一つ。伝承では、天武《てんむ》天皇の御代、天皇が吉野で琴を奏した時、天女が降って、この舞を舞ったという。本来、五節（一月一日、一月七日、一月

十六日、五月五日、新嘗祭《にいなめさい》）の節句に「田舞《たまい》」を舞って五穀豊穣を祈るものであった（それは同時にハラエ・キヨメの儀式）。

*2　一条兼良（一四〇二～一四八一）　室町時代の公卿《くげ》・学者。『連珠合璧集《れんじゅがっぺきしゅう》』等の歌学入門書、足利義尚《あしかがよしひさ》のために書いた教訓書『樵談治要《しょうだんちよう》』、そして金春禅竹に与えた『桃華老人《とうかろうじん》申楽後証記《さるがくごしょうき》』等、著書多数。因みに桃華老人とは兼良の号。禅竹は「中世日本紀」の解釈を兼良に学んでいる。

*3　『鴉鷺物語』『鴉鷺合戦物語』『鴉鷺記』。異類物。伝一条兼良作。「三流抄」系統の「古今集注釈書」の影響下に成立。内容は、中鴨社《なかがもしや》（かつてあった下上賀茂社《げじょうかもしゃ》の中間に位置する中賀茂神社、即ち半木神社《なからぎじんじゃ》）の森に住む鷺《さぎ》の山城守正素《やましろのかみまさしろ》と、祇園社の森に住む烏《からす》の東市佐真玄《とういちのすけまさくろ》が合戦をする物語。しかし互いに戦いに明け暮れる日々を空しく思い、出家。烏は烏阿弥陀仏《うあみだぶつ》、鷺は鷺阿弥陀仏《ろあみだぶつ》と称し、大往生を遂げるというもの。全十一段の大長編。

*4　摩多羅神　中世の仏教書『渓嵐拾葉集《けいらんしゅうようしゅう》』には、慈覚大師《じかくだいし》円仁《えんにん》の帰朝を護った神とある。円仁は船中に影向《ようごう》したこの神に「念仏守護」を誓った。それで常行三昧堂《じょうぎょうざんまいどう》の神として祀られる。その御姿は幞頭狩衣《ぼくとうかりぎぬ》で、手に鼓を持つ。また多く二童子を従える。一人の童子は笹を、一人の童子はミョウガを採り物として踊る。禅竹の『明宿集《めいしゅくしゅう》』によれば、この神は芸能の民が祀る〝宿神《しゅくしん》〟で、猿楽の〝翁〟に限りなく近いという。

*5　玄旨帰命壇　中世の天台宗で行われた秘儀。本尊・摩多羅神の前で師から弟子にロイ

（口伝）された。「玄旨」とは天台本覚思想の奥儀。摩多羅神が「現世利益《げんぜりやく》」の神であったため、その解釈に「現実肯定」があり、性的感応《せいてきかんのう》、愛欲貪財《あいよくどんざい》と結び付き、その呪術的秘儀とも相まって、だんだんと邪教視されてゆく。真言宗の立川流《たちかわりゅう》は、その部分のみが肥大化して成立。「性交」によって金剛界《こんごうかい》（男）と胎蔵界《たいぞうかい》（女）は一つとなり、煩悩即《ぼんのうそく》菩提《ぼだい》・即身成仏《そくしんじょうぶつ》が実現できるとした。

◉第十二時限

定家《ていか》　死とエロス

◉作者　金春禅竹／三番目物　本鬘物

◉登場人物と演者

前シテ　都の女（片山 九郎右衛門〈幽雪〉）

・面　増女《ぞうおんな》（是閑《ぜかん》作）

後シテ　式子内親王の霊（同）・面　泥眼《でいがん》（増阿弥《ぞうあみ》作）

ワキ　旅の僧（宝生 閑）

ワキツレ　従僧（大日方 寛・御厨 誠吾）

アイ　都千本辺りの者（野村 万作）

◉典拠　定家と内親王の恋愛伝承

◉参考資料　『拾遺愚草』／『明月記』／『後深草院御記』／『源氏大綱』（稲賀敬二『源氏物語の研究』所収）／「法華経」巻第三「薬草喩品」

今回は金春禅竹《こんぱるぜんちく》の代表作「定家《ていか》」のお話をいたします。禅竹の作品についても世阿弥《ぜあみ》と同様、学者たちの間にいろいろ意見がありますが、この「定家」は「芭蕉《ばしょう》」とともに、最も確実な禅竹の作品とされています。

『新古今和歌集』の撰者であり、「百人一首」を編集したといわれる藤原定家《ふじわらのていか》*1は『万葉集』の柿本人麻呂、『古今和歌集』の紀貫之以上に、歌聖《かせい》として尊敬されてきました。

和歌は世阿弥の『風姿花伝《ふうしかでん》』の冒頭においても「歌道は風月延年《ふうげつえんねん》のかざりなれば、尤《もつとも》これを用《もち》ふべし」と、能楽師の学ぶべき必須のものとされていますが、禅竹もまた「哥《うた》は此道《このみち》の命なり」(『歌舞髄脳記』)「和歌ハコレ猿楽ノ命ト尊ムベシ」(『明宿集』)と言っています。しかし、定家に対する尊崇の度合いが、世阿弥と禅竹では、大きく違います。世阿弥にとっては定家は多くの優れた歌人の中の一人でありますが、禅竹にとっては他の歌人とは比べようがないほどの偉大な歌聖なのです。

禅竹は多くの能楽論を書いています。その能楽論は、初め世阿弥の説により添いながら発展し、ついに禅竹独自の説となり、その論は神・仏・儒の究極の真理に至ります。禅竹の能楽論には定家の歌論書という『三五記《さんごき》』*2及び、定家の私歌集である『拾遺愚草《しゅういぐそう》』の歌が多数引用されています。『三五記』は、歌の風体《ふうてい》*3を十体《じってい》に分けた大変興味深い本で、私も若い時に愛読しました。『三五記』は定家の書とされて中世では秘書として伝わったのですが、禅竹は『六輪一露《ろくりんいちろ》秘注《ひちゅう》』においてその歌の十体になぞらえて、能の分類を考えています。

世阿弥は『風姿花伝』で、能には「幽玄」が必要だと考えて、「老いた木に花を咲かせる」ような能が優れていると言います。世阿弥は「幽玄」という言葉を「花」と同じような意味に使っています。確かに世阿弥の能には、老人の能にも狂女の能にも鬼の能にも、どこかに「花」があります。

「幽玄」については定家が、西行の「こゝろなき身にも哀《あわれ》はしられけりしぎたつ沢の秋の夕暮」を受けて詠《うた》った「見わたせば花も紅葉《もみじ》もなかりけり浦のとまやの秋の夕暮」という歌が有名ですが、私はこれはかつての栄華を失った貴族階級の衰退の運命を嘆く美学だと思います。秋の夕べ、海辺の粗末な小屋には花も紅葉もなく、ただ寂寥《せきりよう》のみが感じられる、という歌です。しかし花も紅葉もない、と言いながらこの歌にはどこかに花や紅葉があり、王朝の華麗な文化が過去の思い出として讃えられているのです。

禅竹にはこのような定家美学の影響が強いのですが、禅竹の方が定家より寂寥感が深いと思います。例えば、「定家」に次のような詞章があります。

地〽今降るも、宿は昔の時雨《しぐれ》にて、宿は昔の時雨にて、こころすみにしその人の、あはれを知るも夢の世の、げに定めなや定家《さだいえ》の、軒《のき》ばの夕時雨《ゆうしぐれ》、ふるきにかへる涙かな、庭も籬《まがき》もそれとなく、あれのみ増《ま》さる草叢《くさむら》の、露の宿りもかれがれに、物凄《ものすご》き夕べなりけり、物凄き夕べなりけり　（「定家」）

この文章は先ほどの定家の「見わたせば花も紅葉もなかりけり浦のとまやの秋の夕暮」という歌と比べて、遥かに寂寥感が強い。あたりに時雨が降っていて、庭も垣根も荒れ果てている、それを「物凄き夕べ」と禅竹は表現します。「物凄い」という言葉は禅竹の能によく出てまいります。この「物凄い」という美学は、世阿弥にはありません。禅竹は世阿弥の「幽玄」の美学を一層寂しくして、「物凄い」という、「悽愴《せいそう》の美学」によって能を作ったと言えます。

定家と式子内親王

この能の、定家と式子内親王《しょくしないしんのう》*4の恋物語は、伝承を題材としています。式子内親王は後白河天皇の第三皇女で賀茂の斎院《さいいん》*5になりましたが、大変優れた歌人でもあります。その内親王の代表的な歌が、

玉の緒《お》よ絶《た》えねばたえねながらへば
しのぶることのよはりもぞする

という、定家が「百人一首」に入れた歌であります。賀茂の神に仕える巫女《みこ》・斎院という身分から、式子内親王の恋は禁忌《タブー》でした。その式子内親王が恋をしたからには、その恋は忍ばねばならないのです。彼女は「忍ぶ恋の歌人」です。能「定家」は、十一年間務めた斎院を辞した内親王に、定家が密《ひそ》かに通じたと

いう筋になっているのですが、定家の日記『明月記《めいげつき》』によると、定家は二十歳の時、三十歳くらいと推定される式子内親王のもとを初めて訪れています。その後、式子内親王が亡くなるまで何度も訪れているところを見ると、このような話も想像できなくはありません。

一方で、式子内親王の想い人は法然《ほうねん》*6であるという説があります。法然は手紙をかなり多く残していますが、最も長い手紙が式子内親王に宛《あ》てた手紙です。そこには式子内親王の「病が重いから臨終の念仏を授けてほしい」という願いに、法然はどうしても行けないと、くどくどと言い訳をし、内親王に深い愛情の言葉を送っています。これについては私の著書『法然——十五歳の闇』（角川ソフィア文庫）『法然の哀《かな》しみ』（小学館文庫）を読んで下さい。

ところが中世においては盛んに、この定家と式子内親王の男女関係があたかも真実であるかの如く語られています。たとえば中世の『源氏物語』の注釈書『源《げん》氏《じ》大綱《おおつな》』の中に、次のように語られています。

一、ある物語に、式子内親王に定家の卿《きよう》心をかけて、しのび契《ちぎり》給《たも》ふを、後鳥羽院聞召《きこしめし》て、内親王をめして大《おおい》にちかいをさせ給へり、内親王明日よりちぎる

べからずとてせいもんをたて、扨其《さてその》くれに内親王、定家卿へ
なからへてあすまで人はつらからじ此《この》夕暮にとわばとへかし
御門《みかど》の前にてちかいをたつる程に、明日より参《まいり》あふべからずといふ歌也、其暮《そのくれ》に定家卿来《きた》り給へば、内親王手をとり、涙をはら〳〵とながし、おもてをむねにをしあて、くだんのいしゆを語《かたり》給へり、此思《このおもい》がはじめと成《なり》て、定家卿後《のち》にしせり、内親王もはて給ふ、されば定家の卿のおもひかづらと成て、内親王のはかをとりまき給へりと也、其時《そのとき》定家卿歌に、
せめてげに今一度《ひとたび》のあふ事はわたらん川やしるべなるらん
（稲賀敬二『源氏物語の研究』『源氏大綱《げんじおおつな》』）

こうして内親王が死に、そして定家も死にますが、定家の霊は植物の葛《かずら》となって式子内親王の石塔《せきとう》にまとわりつき、取っても取ってもまたすぐに生え、巻きついてくるという悲恋物語ができあがってゆくのです。このような定家と式子内親王の恋の伝承を受けて、禅竹はこの能を作ったのでしょう。禅竹は定家をこのような強烈な恋の歌人として考えていたのです。
業平を多くの女性と関係した歌舞の菩薩と禅竹は考えました。そして定家を一

人の女性に強く執着した、やはり歌舞の菩薩と考えたのです。

葛となった恋の妄執

「定家」はまず、舞台正面中央に布で覆われた墓の作り物がどっかと据《す》えられます。それは死の世界をありありと示すものです。最初から墓が舞台にしつらえられている能は観阿弥・世阿弥にもありますが、この「定家」の作り物ほど「死」が表面に出たものは他にありません。

そして、ワキ僧が従僧を従えて、

ワキ・ワキツレ〽山より出づる北時雨《きたしぐれ》、山より出づる北時雨、行方《ゆくえ》や定めなかるらん　（「定家」）

という次第《しだい》とともに登場します。このワキは時雨の中、「花の都を見ようと、千本辺りに着いた。しばらくここで休もうと思う」と言います。ここでワキは、北国《ほっこく》から来た僧とされます。あくまで、北のイメージです。時は神無月《かんなづき》（陰暦十月）の十日あまり、木々の梢《こずえ》も冬枯《ふゆが》れて、時雨の降っている風景を背景とします。千本は桜を千本植えたという桜の名所というのが「西行桜《さいぎょうざくら》」に描かれる世阿弥の理解でしょうが、実際には「千本卒都婆」*7の伝承によって「千本通」の名は生まれています。禅竹は多分このことを知っていて、北・冬・雨、そして卒都婆と並べることによって、より深い寂寥感を出そうとしたのではないでしょうか。

そこへ、幕の内からシテの里の女が登場して声を掛け、問答が始まるのです。シテは、「お坊さま、なぜここへ立ち寄ったのですか」と問います。するとワキ僧は「時雨を晴らすために立ち寄ったのです」と答え、そして「ここはどこですか」と問います。するとシテは「定家卿《きょう》が建てられた時雨《しぐれ》の亭《ちん》です」と言います。ワキは「時雨の亭では藤原定家が歌を詠んだという。それはどんな歌ですか」とシテに聞きます。するとシテは「どれとは定め難いですが、『いつはりのなき世なりけり神無月たがまことより時雨そめけん』――人間の世の中には偽りが多い。しかし、時雨が神無月に降るという、それは偽りなく降ったことである。いったい誰の誠《まこと》が神に通じたのだろうかという歌でしょうか」、と答えます。これは『拾遺愚草』に載る歌ですが、何か深い人間に対する不信がこの歌にはあると思われます。

禅竹は定家のこの歌から庵に時雨の亭という名を付けたとしています。このような深い人間不信は、定家のものである以上に禅竹自身のものでしょう。

次の問答では、シテは「追善供養をする日であるから墓へ参りたい、あなたも一緒に参って下さい」と言います。そしてシテは、「この石塔をご覧なさい」と言います。見ると、その石塔に、年月を経た葛が這《は》いまつわっていて、石塔の形も見えないほどです。それで驚いて、「これは誰の石塔ですか」と聞くとシテは「これは式子内親王の墓で、このまとわりついている葛は定家葛というのです」と言い、以下のように語ります。

シテ「式子内親王始《はじ》めは賀茂の斎《いつき》の宮《みや》に備《そな》はり給ひしが、ほどなく下《お》り居《い》させ給ひしを、定家の卿忍び忍びおん契り浅からず、その後《のち》式子内親王ほどなく空しくなり給ひしに、定家の執心葛となつて御墓《みはか》に這《は》ひ纏《まと》ひ、互《たがい》の苦しみ離れやらず〳〵ともに邪淫《じゃいん》の妄執《もうしゅう》を、おん経を読み弔《とむら》ひ給はば、なほなほ語り参らせ候はん　（「同」）

定家の恋は凄まじい恋で、賀茂の斎院である式子内親王と契ることは神の許さない恋ですが、どうしても恋心を抑えることができず、密かに契りを交わします。しかし隠そうとしてもやはり隠せず、二人の恋は世間の噂に上ります。そして式子内親王は亡くなりますが、定家の恋の執念はおさまりません。定家の死後、この執念が定家葛となって、内親王の墓にまとわりついて離れないようになったのです。

それで「どうかこの妄執《もうしゅう》から逃れさせて下さい」とシテはワキに言います。「そんなことをおっしゃるあなたは誰でしょうか」とワキが問うと、シテは以下のように答えます。

シテ〽誰《たれ》とても、なき身の果ては浅茅生《あさじう》の、霜に朽《く》ちにし名ばかりは、残りてもなほ由《よし》ぞなき
地〽よしや草葉《くさば》の忍ぶとも、色には出《い》でよその名をも
シテ〽今は包まじ
地〽この上は、われこそ式子内親王、これまで見え来《き》たれども、まことの姿はかげろふの、石に残す形だに、それとも見えず蔦葛《つたかずら》、くるしみを助け給へと、言ふかと見えて失《う》せにけり、言ふかと見えて失せにけり　（「同」）

これで前場《まえば》は終わり、次にアイが出てきて、「この定家の式子内親王に対する深い執着が葛となって、いくら葛を取り払い、お墓を清めようとしても、明くる日には元のようになってしまう、これは定家の執念のすさまじさを表わすものです」と語ります。

そして後場《のちば》が始まり、シテの式子内親王の霊が、

シテ〽夢かとよ、闇のうつつの宇津《うつ》の山、月にも辿《たど》る蔦《つた》の細道《ほそみち》　（「同」）

と言って、墓の中から姿を現わします。そしてかつてはたくさんの恋をしましたが、今では花も紅葉もなく、男女の交わりは朝の雲、夕べの雨のようにはかなく消え、このような墓に埋葬されたばかりか、墓には定家葛がまとわりついています、と語ります。その姿は定家葛の呪縛《じゅばく》に耐えているという様子です。

これを見てワキの僧は、「法華経」の「薬草喩品《やくそうゆほん》*8」の「仏の平等の説は、一味《いちみ》の雨の如くなるに、衆生の性《しょう》に随《したが》って、受《う》くる所、同じからざる」という言葉を読誦《どくじゅ》します。そしてその「薬草喩品」の読誦によってすべての草木の成仏が保証

され、式子内親王の墓にまとわる執心の葛も成仏すると言うのです。これは、このすぐ後の詞章にも出てくる「草木国土悉皆成仏《そうもくこくどしつかいじようぶつ》」という言葉で表現される「天《てん》台本覚思想《だいほんがくしそう》」の表われです。

そして最後に、「序ノ舞」が舞われ、次のような詞で能は終わります。

シテ〽もとよりこの身は
地〽月の顔《かお》ばせも
シテ〽曇りがちに
地〽桂《かつら》の眉墨《まゆずみ》も
シテ〽おちぶるる涙の
地〽露と消えても、つたなや蔦《つた》の葉の、かづらきの神姿《かみすがた》、恥づかしやよしなや、夜の契りの、夢の中《うち》にと、ありつる所に、かへるは葛《くず》の葉の、もとのごとく、這《は》ひ纏《まと》はるるや、定家葛《ていかかずら》、這《は》ひ纏《まと》はるるや、定家葛の、はかなくも、形は埋《う》づもれて、失せにけり　（「同」）

こうしてシテは墓に戻るのです。

まさに式子内親王の霊は、源平の武将が「修羅道」に落ちたように、「愛欲地獄」に落ちたと言ってもよいでしょう。死後、相思相愛の恋人であったはずの定家の霊が葛になって身にまとわりつき、愛執《あいしゅう》の中で自由を失い、嘆きの年月を送っていたのです。それがワキの「法華経」の「薬草喩品」の読誦によってやっと解放されたのです。

しかし式子内親王の解放は一時的なものです。最後は塚の中に戻り、再び葛にまとわれて終わるのです。

「定家」は恋の執念からの解放を語ったという能ではなくて、恋の執念の恐しさを謡った能と言えます。しかし禅竹は心のどこかで、このような凄まじい恋を経験した式子内親王や定家をやはり歌舞の菩薩として讃えているのです。

草木もまた心を持つ

天台本覚思想は「草木国土悉皆成仏」という言葉で表現されます。この「草木国土悉皆成仏」という言葉は「中陰経」[*9]に出てくる言葉と言われてきました。しかし、禅竹はここではっきり「天台本覚思想」は「薬草喩品」にあると語っています。

「法華経」の「薬草喩品」は仏の教えを雨にたとえています。干魃《かんばつ》の続くインドに、空一面に雲が立ちこめ、雨が降る。それによって樹木がすくすくと育ち、平等に雨の恵みを受けるというのです。

「薬草喩品」では樹木とともに薬草も雨の恵みを受け、小中大の薬草もすべて平等にその恵みを受けて育っていく。その小中大の薬草が、声聞《しょうもん》・縁覚《えんがく》・菩薩《ぼさつ》*10に擬せられ、大乗仏教では救われないとされる声聞・縁覚をも平等に救うという一乗の教えがここで語られているのです。

ところがこの「法華経」の「薬草喩品」は、サンスクリットの原典には「薬草」とのみあり、そして小中大の薬草が声聞・縁覚・菩薩の仏教に当たることが詳しく述べられていますが、その部分が、漢訳仏教では省略されています。それで「薬草喩品」は草木がすべて平等に成仏する話と誤解されてきたのです。

それで禅竹の「薬草喩品」の解釈では、声聞・縁覚・菩薩の成仏に関する話はなくなり、ただ草木が成仏したという話になっています。しかもその草木というのは人間と同じく、強い性の悩みを持つものとなるのです。考えてみれば人間は草木をただ美しいものと見ますが、実は草木も自己の子孫を残すために涙ぐましい努力をしているのです。あの美しい花には必ずおしべとめしべがあり、性があることは草木もまた性への執着が激しいことを語っています。

禅竹は草木を、人間と同じ煩悩と仏性を持つものであると見るのです。この「定家」は古名を「定家葛」と言い、その主人公は、実は植物の葛そのものなのです。

「杜若」にもそのような思想は表われていますが、最もその思想がはっきり表われた作品が「芭蕉」であろうと思います。芭蕉は冬になれば枯れてしまう植物ですが、秋の半ば、芭蕉の霊がシテの女となって、山中にいるワキの僧を訪ねます。そしてそこで僧と芭蕉の女とのセックスが暗示され、そして女は「実は自分は芭蕉の精だ」と正体を明かして姿を消すのです。外には凄まじい風が吹いて、後には葉も空しくなった芭蕉のみが残るのです。「芭蕉」は寂寥極まる、凄愴と言ってよい能ですが、この芭蕉という植物もまた「薬草喩品」によって救われるのです。

禅竹の能は禅によって解釈されてきましたが、多少は禅の心があるとしても、その中心の思想は「法華経」の「薬草喩品」にあり、しかもそれは「法華経」の「薬草喩品」の本来の意味を超えた禅竹の特殊な解釈によるのではないかと思われます。

◉周辺雑記　エロティックな後姿

この曲も「恋物語」である。「杜若」の恋人とは業平と二条后である。「定家」では男の恋の相手は身分が高い、尊い御方である。男の名は藤原定家、女の名は式子内親王。「杜若」の業平の恋の執着は、歌舞の菩薩となることで、「歌とは何か」という思想になるが、「定家」は藤原定家の恋の執着を、葛という植物に象徴させた、「恋とはこういうもの」という物語である。しかし考えてみればカキツバタの方が執着は強いかも知れない。咲き乱れるその花の豪華は執着そのままの葛以上かも知れない。この曲の男女合体は、式子内親王が、その美しい肉体の崩れてゆく自分をさらす辛さに、墓に戻るところ。その瞬間の〝女〟の後姿はエロティックである。墓に帰ってしまえば、女はまた美しい姿を取り戻すのであろうか。そんな神秘、妖気、狂気がまとい付く曲である。

＊1　藤原定家（一一六二～一二四一）父は藤原俊成《ふじわらのとしなり》。俊成は九条兼実《くじょうかねざね》の歌の師、法然は兼実の仏教の師。定家は、兼実の子で歌人としても有名な良経《よしつね》や兼実の弟の慈円と交流が

あった。中世、定家は歌の神となった。定家の歌といえば幽玄だが、この幽玄は父の「寂《さびし》」の幽玄に対して「艶《つや》」の幽玄とされた。現在、俊成・定家の子孫の冷泉《れいぜい》家では、この天才歌人父子の残した〝書〟を「御文庫《おぶんこ》」に蔵し、〝神〟として崇めている。

＊2　『三五記』　定家に仮託して書かれた歌論書。江戸時代に版行され、広く流布した。偽書たる理由は一つにその「序文」の疑問。「序文」によれば、定家七歳の時、八歳の高倉天皇（もしくは五歳の六条天皇）の勅に応じて歌を詠み「叡慮のすえ」をいただいた、ということになる。しかし内容は興味深く、人麻呂の「ほのぼのと明石の浦」の歌の解釈は説話的である。

＊3　風体　歌学用語。散文における文体。能の「風姿」に近い。因みに『三五記』の十体は「幽玄」「長高《ちょうこう》」「有心《うしん》」「麗《うるわしき》」「事可然《ことしかるべき》」「面白」「濃」「見様」「有一節《ひとふしある》」「拉鬼《らっき》」。

＊4　式子内親王（一一五一？〜一二〇一）　後白河天皇の第三皇女。以仁王《もちひとおう》の同母妹。俊成の『古来風体抄《こらいふうていしょう》』は式子内親王に奉じられた歌論書という。父の死（建久《けんきゅう》三年／一一九二）の後、間もなく出家。戒師は法然。内親王の住居（三条高倉殿）を、定家は何度か訪れている。

＊5　賀茂の斎院　伊勢の斎宮《さいぐう》に対して、賀茂社ではこう呼ぶ。神に奉仕する未婚の皇女、王女。斎王《いつきのみこ》ともいう。現在の京の三大祭の一つ「賀茂祭《かものまつり》（葵祭《あおいまつり》）」に奉仕する「斎王代《さいおうだい》」は、この賀茂の斎院の代わりに出るということで、「代」の称が付く。

＊6　法然（一一三三〜一二一二）　父は美作国《みまさかのくに》の押領使《おうりょうし》・漆間時国《うるまときくに》。母は「秦氏《はたし》の君《きみ》」。観想《かんそう》

の念仏に対して、口称念仏《くしょうねんぶつ》を説いた。法然が式子内親王に宛てた手紙の内容は、大体、以下のようなものである。「今、あなたは死の床にあるという。直に参りたいが、私は『別時念仏《べつじねんぶつ》』の最中である。どうせこの世は幻。私も近くあの世へ往《ゆ》く身です。あの世で、同じ蓮《はちす》の上で、ゆっくりとお会いしましょう」。

＊7 千本卒都婆　京都の江戸時代の地誌『山州名跡志《さんしゅうめいせきし》』によれば、「昔むかし、大和国の笙《しょうの》岩屋《いわや》で修行をしていた日蔵上人《にちぞうしょうにん》が冥界へ赴いた。するとそこに延喜帝即ち醍醐天皇が苦しんでいた。そして日蔵にこう言った。『私は無実の菅原道真を罪に落として、今、その報いで苦しんでいる。あなたが現世に戻ったら、私のために大乗仏教の経典を読経して欲しい。そして供養のために、千本の卒都婆を立てて欲しい』」。日蔵は「この世」に帰って、葬送の地・蓮台野《れんだいの》へと続く道に千本の卒都婆を立てた。今、その通りに千本釈迦堂・千本閻魔堂（引接寺《いんじょうじ》）、釘抜地蔵《くぎぬきじぞう》などのかつての「町堂」、庶民信仰の寺が並ぶ。供養のため千本の卒都婆を建てたことから「千本通」の名は出た。

＊8 「薬草喩品」「法華経」の七つのたとえの一つ。雨が降れば「三草二木《さんそうにもく》」、みな各々成長する。これを修行者の修行の段階にたとえる。偉大な薬草の幹も、茎も、樹皮も、大枝・小枝も、また葉も、花も、また実も、雲から降った雨によって成長する。如何なる種類であれ、如何なる処であれ、また如何なる種子であれ、その能力に応じ、環境により、降りそそがれた水は同じ味とはいえ、それらは各々に成長する。

＊9 「中陰経」「中陰」とは「四十九日」のこと。人は死んで、直に「あの世」に往くので

はなく、四十九日かけて「あの世」に辿り着くのである。この間、縁者は「忌《い》みごもり」をする。七の倍数で、七×七＝四十九まで「おこもり」する。「七日七夜」とか、「七」という字を重ねることで「忌み」が明けるというのは西アジアにもある風習。「中陰経」には「草木国土悉皆成仏」という言葉は、出てこない。

＊10

声聞・縁覚・菩薩　仏教の〝行〟に利他行《りたぎょう》がある。自らの救いを求める「自利《じり》」に対する言葉である。声聞・縁覚はこの分類では「菩薩」の菩薩行（それは即ち利他行である）に対し、自利のみを求める修行者として、批判される。しかし、凡夫が直に菩薩に辿り着くことは不可能である。それでまず、声聞に入り、縁覚を経て、菩薩に至るのである。これが悟りである。声聞は仏の力を借りて、縁覚は自力で、菩薩は自ら悟りを開くと同時に、他者の悟りのために修行をする。

◉第十三時限

邯鄲《かんたん》　夢の夢の夢の世

◉作者　不詳／四番目物　唐物

◉登場人物と演者

シテ　盧生（齊藤　信隆）

・面　邯鄲男《かんたんおとこ》

子方　舞童（寺澤　拓海）

ワキ　勅使（福王　和幸）

ワキツレ　大臣（森本　幸治・江崎　敬三）

ワキツレ　輿舁（是川　正彦・山本　順三）

アイ　宿の女主人（茂山　良暢）

◉典拠　『枕中記』／『太平記』巻第二十五「自伊勢進宝剣事、付黄梁夢事」

◉参考資料　『閑吟集』

今日は唐物《からもの》といわれる「邯鄲《かんたん》」という能を拝見したいと思います。唐物というのは中国の伝承を素材にしたもので、『風姿花伝《ふうしかでん》』「第二物学条々《ものまねじようじよう》」には「唐事《からごと》」とあります。

「一角仙人《いつかくせんにん》」や「昭君《しようくん》」「張良《ちようりよう》」「項羽《こうう》」などが唐物として有名です。

私が唐物として特に好きなのは世阿弥《ぜあみ》の作と思われる「白楽天」、禅竹《ぜんちく》作の「楊貴妃」、そして信光《のぶみつ》作の「皇帝」です。これらはそれぞれ世阿弥・禅竹・信光の能の特徴がよく出ている作品で、思想的にもいろいろ問題を含んでいます。しかしここでは唐物の中で「邯鄲」一曲を私は選びました。これは非常に幻想的な能で、室町時代の世界観がよく出ている能であるからです。作者については、はっきりとわかっていませんが、歌論書『三五記《さんごき》』によった禅竹の能芸論『歌舞髄脳記《かぶずいのうき》』に「邯鄲」について述べられていますので、少なくとも禅竹以前の曲と思われます。

この話の元は『枕中記《ちんちゅうき》』という唐の小説にあります。この小説は中世の日本人に愛読されたらしく、少し内容を変えて『太平記』[*1]巻第二十五に採り入れられています。おそらく「邯鄲」は『枕中記』によるというより『太平記』によって作られたのではないかと思います。

『枕中記』は沈既済《しんきせい》の小説で、時代設定は唐・玄宗《げんそう》皇帝の開元《かいげん》七年（七一九）となっています。

神仙《しんせん》の術を心得た呂翁《りよおう》という男が、邯鄲というところへ行く途中、宿屋に立ち寄って休息します。そこへ土地の若者・盧生《ろせい》という者がやってきて、呂翁と気が合って話をします。

盧生は「男と生まれながら世間に認められず、こんなみすぼらしい暮らしをしているのは残念だ」と言います。呂翁が「君の身体は健康そうだし、今しがた楽しそうに話をしていたじゃないか。貧乏暮らしの愚痴を言うのはどうした訳か」と尋ねると、盧生は「男と生まれたからは功名をなし手柄を立て末は宰相となり、栄耀栄華《えいようえいが》を極めるのが本望ではないか。俺も昔は学問をし、立身出世を夢見たこともあったが、その野望は空しくなり、今は男盛りになったのに貧乏暮らしであくせくしている」と語ります。そう言った途端、盧生は目が眩《くら》んで、眠くなるのです。

宿の主人はちょうど黍《きび》の飯を炊《た》いていました。呂翁は枕を取り出し、「この枕で寝れば君は思うがままの栄耀栄華を得ることができるぞ」と言います。その枕は青磁《せいじ》で作られていて両端に穴が開いていました。盧生が頭を載せると穴は大きくなり、盧生の身体はその穴から、枕の中へすっかり入っていってしまいました。

そこで盧生は彼が希望していたような栄達の人生の夢を見るのです。しかもこの夢ははなはだ具体的な夢で、最初は科挙《かきょ》に及第《きゅうだい》し進士《しんし》となり、次々と実際にある唐の官吏《かんり》の位を経験し、武官としては節度使《せつどし》（軍隊を指揮する皇帝の使い）という最高の位に至り、文官としてもいくつかの部の長官になりますが、時の宰相に嫌われ、左遷されてしまいます。しかし三年後、同中書門下平章事《どうちゅうしょもんかへいしょうじ》という皇帝を補佐する最高の位に昇ります。盧生は同僚から妬《ねた》まれて再び失脚して辺地へ流されますが、やがて中央に呼び戻され文官としての最高の位である宰相となり、思いのままに振る舞う生活が五十年に及びます。老年に及びついに病気になり瀕死の床に沈みますが、皇帝からは詔勅《しょうちょく》が下って数々の功績を讃えられ、盧生は栄耀栄華の中で死去するのです。

そこで盧生は夢から覚めますが、宿の主人の黍の飯はまだ炊けず、目に触れるものすべてが元のままでした。盧生が「すべて夢であったか」と言うと、呂翁は「人生の満足も、すべてこんなものである」と笑ったというのです。

『太平記』から能「邯鄲」へ

同様の話が『太平記』でも語られます。『太平記』では呂翁は呂洞賓《りよとうびん》という名になっており、唐ではなく楚《そ》の国の話になっています。楚国の王が才能のある人を求めているという噂を聞いて楚へと向かう旅人が途中、邯鄲の宿に立ち寄ります。そこでの夢はやはり栄達の夢ですが、『枕中記』のように具体的な官位のことは語られません。

まずその旅人を楚王が非常に重んじて、ついには第一の姫君を与えます。楚王は死に、姫君から生まれた彼の子は幼いまま王となり、彼は栄耀栄華をほしいままにします。そして彼の子である王が三歳になった時、洞庭湖《どうていこ》に三千余艘《そう》の舟を浮かべ数百万人で舟遊びをするのですが、その時、夫人である姫君が王を抱いたまま誤って湖に転落してしまうのです。旅人は、数万の侍臣《じしん》が「あらやあらや」

と驚き騒ぐ声に目を覚まします。そして、「つらつら夢中の楽しみを考えてみると、夢の中では五十年を経たとはいえ、覚めてみればわずかに粟《あわ》の飯が炊ける間にすぎない。人間の一生もしばしの夢のようなものだ」と悟り、世を避ける人となったというのです。『太平記』では宿の主人が炊くのは黍の飯ではなく、黄梁《こうりよう》という粟の飯になっています。

能「邯鄲」はこの『太平記』の話を元にしていると思われますが、また少し違います。この事件が起こったのは同じように邯鄲の里ですが、呂翁あるいは呂洞賓という仙人は出てきません。シテの盧生に枕を授けるのはアイの宿の女主人です。この能の最後に彼女が神仙界の人であることが知れます。

女主人は「ここに仙術を使う僧が泊まったことがあり、その僧から不思議な枕を賜った。この枕で少し眠ると来《こ》し方行《ゆ》く末の悟りを開くということから、これを『邯鄲の枕』と名付け往来の人に授けている」と言います。またシテの盧生も『枕中記』や『太平記』のような単なる村人や旅人ではなく、楚国の羊飛山《ようひさん》に尊き高僧がいると聞いて、悟りを求めて羊飛山に向かう者というのです。この盧生は右手に唐団扇《とううちわ》を持っていますが、左手には数珠を持っているところを見ると、仏教の修行者であるように思われます。

盧生が邯鄲の里に着き宿を求めると、宿の女主人は盧生に、この邯鄲の枕で休めと勧め、粟飯《あわいい》の用意をするために去ります。ここから夢の話になる訳ですが、この盧生の夢は『枕中記』の話とはもちろん、『太平記』の話よりもはるかに具体性に欠けた、夢のまた夢の話であります。

邯鄲の宿で寝ている盧生のもとへワキの勅使が輿舁《こしかき》とともにやって来て、盧生の前に跪《ひざまず》き、「私は楚国の皇帝の使いですが、あなたに王位に就いていただきたく参りました」と言うのです。盧生は驚きますが、そのまま輿に乗って楚国の都へ行き王位に就くのです。庶民がいきなり王位に昇るとは誠に不思議な話です。皇帝は天皇の位に等しい。もし日本の劇ならば、名もない青年が、天皇になるというのは想像としても許されないことでしょうが、これは中国の話という設定なので、このような想像も許されるのでしょう。そして盧生は皇帝の位に就き、栄耀栄華をほしいままにするのです。能ではその様を次のように語ります。

地へ千顆万顆《せんかばんか》の御宝《みたから》の、数を連らねて捧げ物、千戸万戸《せんこまんこ》の旗の足、天に色めき
地に響く、籟《らい》の声も夥《おびたた》し、籟の声も夥し

シテ〽東に三十余丈《さんじゅうよじょう》に
地〽銀《しろかね》の山を築《つ》かせては、金《こがね》の日輪《にちりん》を出《い》だされたり
シテ〽西に三十余丈に
地〽金の山を築かせては、銀の月輪《がちりん》を出だされたり、例へばこれは、長生殿《ちょうせいでん》の
裏《うち》には、春秋《しゅんじゅう》をとどめたり、不老門《ふろうもん》の前には　日月《じつげつ》遅しと、いふ心をまなばれ
たり　（「邯鄲」）

これは秦の始皇帝などの栄華を極めた宮殿の有り様を述べたというより、金銀に囲まれた極楽浄土のような生活を楽しむ有り様を述べたものでしょう。ところが盧生の経験した栄耀栄華はそれだけではありません。廷臣《ていしん》と舞童《ぶどう》が登場して、「王位に就いて五十年経ちました。この上は仙薬《せんやく》を召し上がって一千歳まで寿命をお保ち下さい」と言います。
　ここで始皇帝が求めていた不老不死の薬が盧生に与えられることになります。盧生はついにその栄耀栄華を千年も保つという、始皇帝ですら得られなかった仙薬を得て〝仙人君主〟になるのです。そして子方*2である舞童が盧生の不老不死を讃える舞を舞います。この子方の舞はまことにあどけなく、そして不思議な舞で、

盧生が仙人になったことを示すものでしょう。この子方の舞に合わせて盧生が高く団扇を掲げて、

シテ〽いつまでぞ、栄華の春も常磐《ときわ》にて
地〽なほ幾久《いくひさ》し、ありあけの月
シテ〽月人男《つきひとおとこ》の舞なれば、雲の羽袖《はそで》を重ねつつ、喜びの歌を
シテ〽歌ふ夜もすがら
地〽歌ふ夜もすがら、日はまた出でて、明《あ》きらけくなりて、夜かと思へば
シテ〽昼になり
地〽昼かと思へば
シテ〽月またさやけし
地〽春の花咲けば
シテ〽紅葉《もみじ》も色濃く
地〽夏かと思へば
シテ〽雪も降りて
地〽四季折々は、目の前にて、春夏秋冬《はるなつあきふゆ》、万木千草《ばんぼくせんそう》も、一日《いちじつ》に花咲けり、面白

や、不思議やな　（「同」）

と述べます。ここの科白はまことに興味深いものです。もう盧生はこの世の人ではなく、天上の人になっています。天上では夜も昼も区別がなく、春夏秋冬の区別もなく、毎日毎日すべての花が咲き、すべての享楽がそこにあるのです。このような描写は『枕中記』にも『太平記』にもありません。能作者が構想した世界でしょうが、室町の文学・御伽草子《おとぎぞうし》の常套手段《じょうとうしゅだん》である極楽浄土の四季の景の表現であるとも言えます。このような歓喜の絶頂で、

地〽かくて時《とき》過ぎ、頃《ころ》去れば、かくて時過ぎ、頃去れば、五十年の、栄華も尽きて、まことは夢の、中《うち》なれば、みな消えきえと、失せ果てて、ありつる邯鄲の、枕の上に、眠りの夢は、覚めにけり　（「同」）

と、舞童も廷臣もいなくなり盧生の夢は覚めるのです。

夢の世ぞと悟り得て

この事件が起きたのは、女主人が経営するみすぼらしい宿の、たった一畳の空間なのです。そこが夢では玉座となり、王となった盧生は最初、彼自らの栄華を喜びます。やがて彼は玉座を立ちいでてあちこち動き回り、全世界を支配し千年の命を得て、ついにはどのような王も得ることができなかった昼と夜の区別・春夏秋冬の区別もない、ただ歓楽に満ちている世界の王となったことを、身体いっぱいに表現するのです。

みすぼらしい畳一枚の空間が玉座に変わるというのは能独特の抽象的表現であり、この盧生の演技には役者の力量が要求されます。

そして能「邯鄲」の最後はしみじみとした述懐《じゅつかい》になります。

シテ〽盧生は夢覚めて
地〽盧生は夢覚めて、五十《いそじ》の春秋《はるあき》の、栄華もたちまちに、ただ茫然《ぼうぜん》と起き上がりて

シテ〽さばかり多かりし
地〽女御更衣《にようごこうい》の声と聞きしは
シテ〽松風の音となり
地〽宮殿楼閣《くうでんろうかく》は
シテ〽ただ邯鄲の仮《か》りの宿
地〽栄華の程は
シテ〽五十年
地〽さて夢の間《あいだ》は粟飯《あわいい》の
シテ〽一炊《いっすい》の間《あいだ》なり
地〽不思議なりや計りがたしや
シテ〽つらつら人間の有様を、案ずるに
地〽百年《はくねん》の歓楽《かんらく》も、命《めい》終れば夢ぞかし、五十年の栄華こそ、身《み》のためにはこれまでなり、栄華の望みも齢《よわい》の長さも、五十年の歓楽も、王位になればこれまでなり、げになにごとも一炊の夢
シテ〽南無三宝《なむさんぼう》南無三宝
地〽よくよく思へば出離《しゆつり》を求むる、知識《ちしき》はこの枕なり、げにありがたや邯鄲の、

げにありがたや邯鄲の、夢の世ぞと悟り得て、望み叶へて帰りけり　（「同」）

ここで盧生は決して落胆してはいないのです。むしろ羊飛山に登って高僧の説法を聴くより、宿の女主人の命令に従って邯鄲の枕で眠ることで、粟飯の炊ける短い時間に来し方行く末の人生を知り、この世を夢の世と見る悟りを得ることができたのを「げにありがたや」と喜んでいるのです。

能の最後、宿の女主人は枕を持って退場していきます。

私は能は天台本覚思想《てんだいほんがくしそう》の影響を大きく受けていると論じてきましたが、天台本覚思想にはまた、実人生を夢と見る思想があります。このような思想が戦乱に明け暮れた室町時代の人生観であったのです。「邯鄲」は室町の人生観を見事に語った能と言えるでしょう。人生を夢と見る世界観は、日本の人生観の一つの特徴でしょうが、室町時代はまさにそのような人生観が、すべての人間の人生観だったのでしょう。その影響が後の織田信長[*3]にも豊臣秀吉にもあります。そこにも「邯鄲」を初めとする「能」の影響があるかと思います。

『枕中記』では、夢中の盧生が生涯を閉じた時に夢が覚めます。また『太平記』

では夫人と息子が湖に落ちた時に夢が覚めます。これに比べて能「邯鄲」の夢は、盧生が栄耀栄華の絶頂を極めたその瞬間に夢が覚めるのです。そして夢から覚めた盧生の落胆は、そのまま悟りを得たという歓びになります。これは道教的世界観というより仏教的世界観です。盧生が数珠を持っているのはやはり仏教修行者[*4]としての表現でしょう。この点で能「邯鄲」は、原典である『枕中記』や『太平記』よりもはるかに思想的に深く、幻想的でありながら人生の真相を説く話となっています。

私も八十六歳になりましたが、この頃しきりに過去の人生の夢を見ます。夢に出て来る人物はほとんど今は黄泉《よみ》の国の住人になった人々で、私の過ごした人生もまた夢の夢の夢であるような気がします。

◉周辺雑記　室町ごころ

夢の夢の夢の世。これは『閑吟集《かんぎんしゅう》』の世界。この話は、中国の故事に発するが、心は「室町ごころ」。盧生の夢は、室町人の大好きなものでもある。

この「夢物語」は「人間の一生は夢のようなものだ」という主人公の悟りで終わ

る。大義名分を失って、「殺す」ことが目的となってしまった『太平記』の戦いは、あまりに無惨でむごい。この無惨を救うのが夢である。「この世は夢」と考えれば人は生きられる。それも束の間の夢。粟飯が炊ける間というほんの短い間の夢。

能「邯鄲」は『太平記』の「中世日本紀」の世界の夢の話である。それ故、『太平記』の母・平徳子《たいらのとくこ》（後の建礼門院《けんれいもんいん》）、御子・安徳《あんとく》天皇の入水の悲劇が物語の下に敷かれている。海に沈んだ幼帝・安徳天皇は、死んではいなかった。宝剣をもって龍神となって龍宮城に住んでいる。この宝剣がなぜ海に沈んだかは「大森彦七が事」（『太平記』巻第二十三）に描かれている。即ち壇ノ浦の戦いの折、景清が海に落としたのをイルカが呑み込んでしまったため、海底に沈んだ、と。

舞台で実際に床に就く（横たわる）盧生を見ていると、「自分の未来」を夢として見せてくれる「邯鄲の枕」の恐しさを想う。

＊1　『太平記』巻第二十五　この巻の「伊勢より、宝剣を進《たてまつる》事。付《つけたり》黄粱《おうりよう》夢の事」という長い一節の最後に、「邯鄲」の物語が挿入される。その前に「中世日本紀《ちゅうせいにほんき》」の奇妙な話が語られる。例の「三種の神器」の来歴と宝剣の〝流浪〟——龍神に拾われたヒルコ神のこと、天照大神とスサノヲの姉弟がご夫婦であったこと、海に沈んだ安徳天皇が海中で龍神となって、宝剣を龍宮城へ持って帰ったこと等々——こういう荒唐無稽《こうとうむけい》な話の後

に「邯鄲」の物語が始まる。

＊2　子方　シテ方の幼い人が演じる。その役には二種類ある。本来少年である役と成人であるのに子方が演じる役の二つである。後者は「天皇」の役、そして「安宅《あたか》」や「舟弁《ふなべん》慶《けい》」の義経、「正尊《しょうぞん》」の静御前《しずかごぜん》等。「天皇」の御役は、俗人たる成人が勤めるのをはばかって、聖なる童としての子方が勤めた。義経・静御前などは貴種流離譚の予《あらかじ》め想像される不幸の人として、幼い人を、か弱き人として当てたのかも知れない。室町時代の美少年・稚児愛好との関わりも指摘される。能の子方は直面《ひためん》で出るが、狂言では、神仏や異類の役の子方は面を着ける。

＊3　織田信長（一五三四～一五八二）　尾張国出身の戦国の武将。信長の「人生を夢と見る世界観」は以下の言葉に象徴される。桶狭間の戦いに際して、（幸若）舞の「敦盛」の一節「人間五十年、化天《けてん》の内を比ぶれば、夢幻《ゆめまぼろし》のごとくなり。一度生《ひとたびしょう》を受け、滅せぬ物のあるべきか」と謡って出陣したという。

＊4　道教　古代中国の墨子《ぼくし》の思想も、孔子の思想も「道教」と呼ばれた。墨子は「ものつくり集団」、孔子は「葬送を司る集団」を率いた。日本で言えば、墨子は職能の民であり、孔子は遊部《あそびべ》である。また日本の「神道」の言葉は多く道教からきているという。それも天皇と結び付く言葉――「大神（天照大神）」「神宮（伊勢神宮）」「斎宮《さいぐう》」「神器（三種の神器）」「天皇」「上皇」「内裏《だいり》」「仙洞《せんとう》（御所）」「紫《し》宸《しん》（殿《でん》）」「大極（殿）」等々。道教は陰陽道《おんみょうどう》・修験道《しゅげんどう》と結び付いた。日本の呪術信仰は、どこかで道教と関わっている。そ

の神仙思想によって、日本は「蓬莱国《ほうらいこく》（神仙国）」とされ、不老不死を求めた秦の始皇帝は、徐福《じょふく》を日本へ遣わした。なぜ日本かというと、神仙の術を学んだ「方士《ほうし》」が東方沿海地域に住んでいたためという。さらなる「東方」への憧れである。

◉第十四時限

安宅《あたか》 室町の弁慶物語

◉作者　観世信光／四番目物　男舞物

◉登場人物と演者

シテ　武蔵坊弁慶（友枝 昭世）

子方　源義経（内田 貴成）

ツレ　山伏（長島 茂・狩野 了一・友枝 雄人・内田 成信・粟谷 浩之・佐々木 多門・谷 大作）

ワキ　富樫の何某（宝生 閑）

アイ　富樫の下人（茂山 茂）

アイ　山伏の伴の強力（茂山 千三郎）

◉典拠　『義経記』巻第七「平泉寺御見物の事」／『平家物語』巻第五「勧進帳」

◉参考資料　歌舞伎『勧進帳』／「舞の本」『富樫』／「舞の本」『笈捜』／土屋恵一郎『幻視の座――能楽師・宝生閑 聞き書き』

今回は、観世信光《かんぜのぶみつ》の作品である「安宅《あたか》」のお話をいたします。信光の能は私が今まで語った世阿弥《ぜあみ》・元雅《もとまさ》・禅竹《ぜんちく》の能とはなはだ趣きを異にします。

信光の能は典型的な「複式夢幻能《ふくしきむげんのう》」ではありません。むしろ観阿弥《かんあみ》のような「劇能」の性格が強くなっています。「複式夢幻能」の後場《のちば》は、シテがはるか過去の思い出を語る話で、時間が現在から過去へと逆流するのですが、劇能では時間は順次に進行します。

信光以降、金春禅鳳《こんぱるぜんぽう》*1・観世長俊《かんぜながとし》*2と観阿弥的な劇能が復活します。ただ信光の劇能には観阿弥の「自然居士《じねんこじ》」や「卒都婆小町《そとばこまち》」のように異なる世界観を持つ人間の間の厳しい「問答」ではなく、人間の食うか食われるかの激しい「問答」があります。

「安宅」成立時、信光は十五歳であったという説があり、「安宅」は信光の作品ではないとする研究者もいます。伊藤正義氏も一時「安宅」を作者未詳としましたが、改めて「『安宅』の作者については、従来の信光説に対し、近年それが疑われているが、『舟弁慶《ふなべんけい》』が信光作とすれば、『安宅』が同一作者である可能性は高いと思われ、再検討すべき課題であろう」と言っています。それで私は「安宅」を信光の作品と見て差しつかえないと思います。「安宅」は「紅葉狩《もみじがり》」「舟弁慶」とともに信光の最高傑作と言ってよいでしょう。

この能「安宅」が歌舞伎では『勧進帳《かんじんちょう》』となります。歌舞伎『勧進帳』は数ある歌舞伎の作品の中でも最高傑作の一つで、『仮名手本忠臣蔵《かなでほんちゅうしんぐら》』や『菅原伝授手習鑑《すがわらでんじゅてならいかがみ》』の「寺子屋」の場とともに、最もよく演ぜられるものです。『勧進帳』と「安宅」を比べてみると、ほとんど同じ内容で、弁慶が堂々と読み上げる「勧進帳」[*3]の内容も歌舞伎の方が少し説明がつけ加えられているぐらいです。

信光の能はスペクタクルな能であります。もし能が世阿弥から禅竹に至る能のみでしたら、能はこれほど盛んにならなかったと思います。世阿弥から禅竹に至る能は芸術として大変深いものでありますが、どちらかというと陰気な能です。ところが「安宅」に代表される信光以降の能は内容に世阿弥のような深みはありませんが、陽気ではなはだ花やかな能です。このような「陰陽《いんよう》」の能を持つことによって能という芸能は現在にまで残ったと私は思います。

能「安宅」には三つの見せ場があります。

一つめの見せ場は、シテの弁慶が「勧進帳」を読むところです。弁慶は東大寺の大仏再建の勧進のため諸国を旅する「東大寺勧進聖《とうだいじかんじんひじり》」の山伏《やまぶし》と称するのですが、それならば「勧進帳」を持っているに違いないと安宅の関の関守《せきもり》*4であるワキの富《と》樫《がし》に問い詰められます。しかし弁慶はあわてず「往来《おうらい》の巻物」を取り出し、それを「勧進帳」に見立てて見事に読むのです。富樫やその家来たちに文面を見られては大変と、弁慶は「勧進帳」を相手に見られないように読み上げますが、その態度は全く堂々とし、疑う余地を与えません。

弁慶が「勧進帳」を見事に読み終えたことによって山伏一行は関を通ることを許されるのですが、あらかじめ目立たないようにと「強力《ごうりき》」の格好をして重い笈《おい》を負《お》っていた子方の義経が通ろうとすると、関所の役人・富樫はこれこそ判官《ほうがん》義経に違いないと疑います。ここが二つめの見せ場です。ツレの山伏たちは、この上はと覚悟をして、刀に手をかけます。しかし弁慶は山伏たちを止め、義経を散々に打ちます。この弁慶の咄嗟《とっさ》の行為によって義経は無事に通ることができるのです。そして無事、関を通ると、弁慶は主君を打った罪は万死《ばんし》に値すると嘆く訳ですが、義経は弁慶の忠心と機略《きりやく》を賞め、打擲《ちょうちゃく》は八幡大菩薩《はちまんだいぼさつ》のしたことと、弁慶に感謝するのです。この主従の深い愛情と臨機応変の弁慶の知略が観る人を感動させる訳です。

三つめの見せ場は、富樫が弁慶一行を追いかけ酒を振るまうところです。富樫はまだ弁慶一行を疑っているのです。弁慶もそれと知って油断するなと山伏たちに言い、見事に富樫の酒の振るまいに応えます。そしてこの富樫の接待に弁慶は礼として「延年《えんねん》の舞」*5を舞いますが、これは大変雄壮であると同時に華麗な男舞で「安宅」の一番の見せどころでもあります。

『義経記』と「舞の本」

このような「安宅」の成立には前史があります。一つは『義経記《ぎけいき》』*6です。観阿弥から禅竹までの能は主に『伊勢物語』や『源氏物語』や『平家物語』を題材にしていて、『義経記』を題材にしたものは観阿弥作と言われる「吉野静《よしのしずか》」以外には、ないのではないでしょうか。

ところが信光以降の作品には『義経記』及び『曽我物語《そがものがたり》』の影響が強くなりま

す。「曽我物」は今回の「能を観る」では扱いませんが、私は『義経記』及び『曽我物語』を深く読みました。これらには荒唐無稽《こうとうむけい》な話が多く、引用もはなはだ杜撰《ずさん》でありますが、権力に追われた人間の哀しみが実によく描かれていて、私も思わず涙した場面がありました。『平家物語』及び『源平盛衰記《げんぺいじょうすいき》』では平家を滅ぼした英雄・義経の姿が雄壮な武将として描かれていますが、『義経記』ではそのような場面はほとんどなく、主として梶原景時《かじわらかげとき》*7の讒言《ざんげん》により兄・頼朝に疑われ、京を追われて苦労に苦労を重ね陸奥の藤原秀衡《ふじわらのひでひら》のもとへ辿り着き、しばしの安堵を得るものの、やがて秀衡の死後、秀衡の息子・泰衡《やすひら》に追われ、僅か十数人の家来とともに衣川《ころもがわ》で自刃する哀れな義経の姿が描かれ、人々の涙を誘うのです。

この「安宅」に当たる話は『義経記』では巻第七「平泉寺《へいせんじ》御見物の事」に見られますが、弁慶が東大寺勧進の山伏であることを名のる話はあるものの、「勧進帳」を読み上げるという話はなく、また義経打擲の話も他の章（巻第七「如意《によい》の渡《わたり》にて義経を弁慶打ち奉る事」）で語られます。

ところが「舞の本」*8『富樫』では、「安宅の関」ではありませんが、「富樫の城」へ弁慶一人が乗りこんで、「往来の巻物」を取り出し、「勧進帳」として見事に読み上げるという場面があります。また「舞の本」『笈捜《おいさがし》』に義経が疑われ、弁慶が義経を打擲する場面があります。

能「安宅」では安宅に関があるとし、その関守を富樫とし、そこを弁慶を筆頭とする山伏一行が通ろうとすると、富樫に留められますが、弁慶の機知で「勧進帳」を読み、そして義経を打擲して無事通るというストーリーとなります。

この山伏一行を富樫が追い、一献《いっこん》を捧げるところは、『義経記』はもちろん「舞の本」にもなく、信光の創作だと思われます。

歌舞伎の『勧進帳』には能「安宅」と大きく違うところがあります。それは弁慶が「勧進帳」を読んだ後に富樫が山伏について色々と弁慶に質問し、それに弁慶が答えるという「問答」をつけ加えたところです。この「問答」はいかにも息詰まる「問答」で、富樫の問いに弁慶が見事に答えます。

歌舞伎の『勧進帳』は、富樫は弁慶一行が偽山伏であり、重い笈を負った「強力」が義経であることを知っていて、それでも富樫は弁慶の忠誠に感動して見逃すという、富樫という人物の複雑な心の動きを描きます。

歌舞伎『勧進帳』はこのような富樫の表と裏の心の動きをよく表わしています。こういう表と裏の使い分けは歌舞伎の得意とするところです。

一方、能「安宅」は表と裏即ち義理と人情の対立ではなく、弁慶の一途な気持ちをひたすら強調しています。

能「安宅」のワキとアイ

私は何遍か能「安宅」を観て、その詞章もよく読みましたが、この曲は劇として大変優れていると思います。信光以降の能ではワキやアイが活躍します。ワキは世阿弥の「複式夢幻能」のように、ただシテである怨霊に出会い、その恨みを聞き、それを鎮魂する存在に過ぎないものではありません。アイもいわゆる「間《あい》狂言《きょうげん》」として前場《まえば》で起こったことを詳しく説明し、後場《のちば》に繋ぐだけの存在ではありません。ワキもアイもそれぞれ複雑な感情を持つ、シテとは違う動きをする人間で、劇において重要な役割を果たします。因みに「安宅」のアイはオモアイとアドアイが出ます。オモアイとは能のシテに当たり、アドアイはツレに当たります。

「間狂言」では安宅の関に近づいた弁慶が、オモアイの演ずる強力に「関の様子を見てこい」と言います。強力が見に行くと、松の木に変なものが懸《か》かっています。

オモアイ（強力）「やあ、またあの木の空に、なにやら真黒なものが四つ五つ懸《か》けてあるは、なにぢや、やあやあ、なにぢや、山伏のここぢや、さてもさても痛はしいことかな　あまり痛はしいことぢやほどに、一首《いっしゅ》連ねて帰らう、山伏は貝吹いてこそ逃げにけり、誰おひかけてあびらうんけい（「安宅」）

強力は「山伏のここぢや」と言って自分の首を指します。この山伏の首が松の木に懸かっているという残酷な描写は、「舞の本」にもあります。「舞の本」はまたご丁寧に、上の方には義経に似た俗人の首、下の方には弁慶に似た山伏の首が懸かっていると描写します。能「安宅」は「舞の本」のカタリを採り入れたのでしょうが、これはこの緊張した能「安宅」に一抹《いちまつ》のユーモアとともに室町的残酷さを与えます。

そして多分にとぼけた描写もあります。たとえば、アドアイの富樫の従者が「昨日も山伏を三人まで斬った」と言うと、弁慶は「その斬った山伏は判官殿か」と突っ込みます。すると答えに困った富樫は、「ああ面倒なことを言うものだ。問答無用」と言うのです。これは完全に富樫が一本取られた感じです。

能「安宅」では、「勧進帳」を読む前に、最後のお勤めをすると言って、シテとツレ（立衆）の割《わ》り科白《ぜりふ》で山伏の教義が語られます。

シテ〽いでいで最後の勤めを始めん、それ山伏と云《い》つぱ、役《えん》の優婆塞《うばそく》の行儀《ぎょうぎ》を受け
立衆〽その身は不動明王《ふどうみょうおう》の尊容《そんにょう》を象《かたど》り
シテ〽兜巾《ときん》と云つぱ五智《ごち》の宝冠《ほうかん》なり
立衆〽十二因縁《じゅうにいんねん》の襞《ひだ》を据《す》ゑて戴《いただ》き
シテ〽九会曼荼羅《くえまんだら》の柿《かき》の篠懸《すずかけ》
立衆〽胎蔵黒色《たいぞうこくしき》の脛巾《はばき》を履き
シテ〽さてまた八つ目の藁鞋《わらんず》は
立衆〽八葉《はちよう》の蓮花《れんげ》を踏まへたり
シテ〽出で入《い》る息に阿吽《あうん》の二字を唱《とな》へ
立衆〽即身即仏《そくしんそくぶつ》の山伏を
シテ〽ここにて討ち留め給はんこと
立衆〽冥《みょう》の照覧計《しょうらんはか》りがたう

シテ〽熊野《ゆや》権現《ごんげん》のおん罰を当たらんこと
立衆〽たちどころにおいて
シテ〽疑ひあるべからず

（「同」）

弁慶は、山伏というものは不動明王そのもので、それは即身即仏の仏であると言うのです。だからその山伏を殺したならば、熊野権現の罰を蒙《こうむ》ることは疑いない、と富樫に言うのです。それは最後のお勤めどころか、「我々のような仏になった山伏を殺したら、どんな神仏の罰が下るかわからんよ」という脅迫ですが、ここでも弁慶の教養の高さが知れます。

また「強力」即ち義経を通さない、と富樫は言いますが、弁慶はそれに対して前述のように義経を打擲します。その上で、強力の背負っている笈に目をつけて、それを盗もうとしているのではないか、と因縁をつけます。これも単なる弁慶の言いがかりですが、弁明はしがたく、富樫は言いくるめられて一行を通すことになるのです。

「安宅」の関を通ることができたのは、一つにはこの弁慶の巧みな弁舌によりますが、一つには関守側のいつ山伏一行が襲ってくるかもしれないという恐怖もあります。「平和的問答」と、はなはだ戦闘的な「いつでも死を決してこの関所を破ってやるぞ」という山伏たちの気迫に、富樫は恐れをなしたのです。この矛盾する「平和的問答」と「戦いの緊張感」の対比が、はなはだ興味深いのです。

そして最後に武ばかりか文にも心得ある、「三塔《さんとう》の遊僧《ゆうそう》」弁慶の「延年《えんねん》の舞」となります。「延年の舞」というのは修正会《しゅしょうえ》・修二会《しゅにえ》*9などで舞われる祝言《しゅうげん》です。この「延年の舞」で終わることで、「安宅」自体が祝言の能という性格も持っていることがわかります。

弁慶の義、富樫の情

先程、少し触れました富樫の心情ですが、歌舞伎の『勧進帳』では、富樫は弁慶が打擲する「強力」が義経であると知っていて、関を通します。弁慶の機略と義経・弁慶主従の深い愛情に心打たれたからです。歌舞伎では、富樫ははっきり情の人です。しかし、能ではそのあたりの表現は曖昧で、どちらかと言うと、最後まで富樫対弁慶という「対立構造」を保ちつつ、つまり「緊張感」を保ったまま幕となります。

おそらく私の知るところでは、日本で一番の「富樫役者」である宝生閑《ほうしょうかん》師は、その「芸談」の中で次のように語っています。

富樫という役は、おシテによって変わってくるじゃない。強引に押し通ろうとするシテと、お願いだから通してっていうシテとあるじゃないですか。また一人のシテでも、あるところでは強引に、あるところでは実は通して！という部分が見えてくる。そこが『安宅』という作品の面白いところだと思う。（土屋恵一郎『幻視の座――能楽師・宝生閑 聞き書き』「『安宅』――最高の「富樫」役者」）

つまりシテの弁慶が高圧的に出てくる場合は、富樫もその調子に乗って、疑念を持ったまま緊張を解きませんが、静かな弁慶だと富樫も、どこかで義経・弁慶主従と知りつつ関を通す。それは宝生閑師に言わせれば、「富樫は弁慶の機略と教養に心酔してしまう」ということらしいのです。

そう言えば、宝生閑師のやはり「はまり役」である「自然居士」のワキの人商人《ひとあきんど》も、どこかで自然居士の説法や芸に感じ入って、問答をするうちにだんだんと

「買った子を返してやろう」という気分になるのと似ています。とすれば、能「安宅」の富樫は歌舞伎の『勧進帳』の〝情〟の人でもある訳です。

今回、シテの弁慶が友枝昭世《ともえだあきよ》師ということで、閑師は情のある富樫を演じることでしょう。そう思うのは先の「芸談」に以下の閑師の言葉があるからです。

昭世ちゃんの場合も、隠しようがないんだからってんでね、内心実は……っていうのが見えるから、静かに静かにやるでしょ。興奮してなんだか！　という風にはならないでしょ。ああいう風におとなしく出られちゃうと、ああこれは富樫は判っているんだという風になってきちゃう。（「同」）

◉周辺雑記　武士の情

ご存知歌舞伎の「勧進帳」の〝親〟に当たる有名な曲である。能と歌舞伎の最も大きな違いは、富樫の心情にある。

歌舞伎では、弁慶の「主・義経」を想う心を富樫が引き受けて、それで義経を、それと知って通すのである。弁慶が主を打擲するところは、見ている富樫も辛い。

ところが能「安宅」の富樫は、弁慶の義経への忠義や愛を解する心をあらわにしないのが決まりという。ただ本文にもある如く、これも、シテとワキの駆け引き、弁慶と富樫の、というより役者の工夫で変わる。

大槻文藏師によれば、「この安宅の関を無事に通してやりたい」という富樫の〝情〟を、能役者は見せてはいけないという。それに対し、歌舞伎役者は、この〝情〟を表には出さず、それでいていかに情を通じさせるかで役者の技量が決まる。能は、あくまでいかに〝情〟を秘すかが役者の技量となる。

能は「お涙頂戴はご法度《はっと》」というが、それでも、この主従の関係、そして武士の情は、涙腺を弱くする。

＊1　金春禅鳳（一四五四～一五三二？）　室町時代後期の能役者。祖父は禅竹。父は宗筠《そういん》。父の急死により弱冠二十七歳で「金春大夫」となる。しかし将軍・足利義政が音阿弥や観世信光らを寵愛したため、有能な脇師を引き抜かれ、受難の時代にあった。晩年の動向は不明。出家した後、豊後《ぶんご》に下ったとも伝えられる。「嵐山《あらしやま》」「生田《いくた》敦盛《あつもり》」「一角仙人」「東方朔《とうぼうさく》」「初雪」「黒川」の六曲は確実に禅鳳の作という。立花・茶道・連歌にも才を発揮した。

＊2　観世長俊（一四八八～一五四一）　室町時代後期から戦国時代の能役者。観世信光の嫡

子。通称、弥次郎。脇役者であったが、当時脇は大夫に次ぐ地位にあり、「脇の為手《して》」と呼ばれた。地謡を統率、「謡」の名手であった（当時地謡は脇の仕事）。長俊直談の筆録と称する『能本作者注文』（一五二四）には、長俊の代表作二十五曲が挙げられている。霊能物（「大社《おおやしろ》」）、異類打合物・怨霊退治物（「輪蔵《りんぞう》」「降魔《ごうま》」）、武士物（「正尊《しょうぞん》」）等に分けられる。ショー的スペクタクルな演出の能であった。

*3　「勧進帳」　社寺・仏像・橋などの造営・修復のための資財を調達するための趣意書《しゅいしょ》。作《さ》善《ぜん》すれば、現世利益や極楽往生を得ると説いた「勧進聖《かんじんひじり》」によって、それは文字の読めない民衆に向かって朗々と読まれた。勧進聖の代表は、東大寺再建に努めた重源《ちょうげん》。重源は自ら南無阿弥陀仏と名のった。阿弥号の初めである。弁慶が勧進帳に見立てた「往来の巻物」の「往来」とは、手紙のこと。往復書簡が多いため「往来」の名が付いた。後にこの「往来物」が手習いの基本として初等教科書の役割を担うようになる。

*4　安宅の関　現在の石川県小松市安宅。古代より交通の要衝《ようしょう》の地であったため、関所が設けられた。「安宅」の名は「寇《あだ》」の浦からきたという。異国人の来襲した海辺の意。安宅は交通の要地であるとともに商品流通の地であった。白山信仰の徒・白山神人《じにん》は「紺《こん》掻《か》き」として活躍した。ここより「藍染め」の換金商品が全国へ流通。また時衆《じしゅう》（時宗の徒）の道場があったことでも知られる。

*5　延年の舞　祝言の舞。「翁舞」と同じ詞章「鳴るは滝の水……」が謡われる。「延年」とは文字通り「年を延ばす」の意。延年は各地の寺院で行われた。延年の舞はその折、奉

納された「楽舞による祈禱」芸。遊僧《ゆうそう》や稚児《ちご》によって演じられた。修法（常行堂大法会次第之事）は、正月十四日から二十日までの七日間、舞（古実祭礼次第之事）は、正月十九日、二十日の二日間行われた。

*6 『義経記』室町時代初期成立。義経の物語と言いながら、義経の英雄時代は描かれない。童子時代の母との別れと、餓鬼大将振りを描く「巻一」「巻二」、白川の印地《いんじ》打ちなど無《ぶ》頼《らい》の徒が活躍する「巻二」、そして「弁慶物語」として一つの独立した作品となっている「巻三」等、室町を代表する物語が収められている。「弁慶以下、義経の従者のスリルと笑いに満ちた行動を描き、主人公の義経はまるで能の子方のようである」（山下宏明）。白山神人、時衆も関わったと思われる、『義経記』は軍記物というより御伽草子に近い。琵琶法師の語り物でもあった。『義経記』も貴種流離譚であるが、この日本人に根強く愛された「判官物《ほうがんもの》」と肩を並べたのが、幼く若い兄弟、曽我十郎・五郎の物語「曽我物《そがもの》」である。

*7 梶原景時（?～一二〇〇）義経側から見れば悪人だが、頼朝の最大の忠誠者であり、歌舞伎「梶原平三誉石切《かじわらへいざほまれのいしきり》（石切梶原）」では人情味のある人物として描かれる。六郎太夫という青貝師《あおがいし》（螺鈿《らでん》細工師）の命を助け、彼の刀が名刀であることを石を切って証明するという名作。

*8 「舞の本」今は「舞」というが、つい最近までは「幸若舞《こうわかまい》」と言いならわしてきた。「舞」では、越前《えちぜん》丹生《にゅう》郡朝日の「幸若大夫」が何といっても有名だからである。しかし、

若狭《わかさ》には幸菊《こうぎく》大夫（高浜）・幸福大夫（遠敷《おにゅう》）等の「舞」の名手がいたし、近江にもいた。九州筑紫の大江（大江天満宮）に行った「大頭《だいがしら》」の一派もいる。それで最近は「舞」という。舞というが、実際は舞わない。わずかな所作を伴った「語り物」なので「舞の本」という。「舞」と「舞々」は同根。

＊9　修正会・修二会　寺院で年頭に、国家安泰と幸福を祈る法会。正月に行われるものを修正会、二月に行われるものを修二会という。ともに呪師《しゅし》と呼ばれる呪術者によって芸能が奉ぜられる。この中に「呪師猿楽」があり、「走り」という芸能を披露。これが「能」の原初の芸態である。東大寺二月堂の修二会は「お水取り」の名で有名。この時も、僧は松明《たいまつ》を持って〝走る〟。

◉第十五時限

道成寺《どうじょうじ》　乱拍子の変身

◉作者　不詳／四・五番目物　鬼女物

◉登場人物と演者
前シテ　白拍子（武富　康之）・面　増女《ぞうおんな》
後シテ　蛇体（同）・面　般若《はんにゃ》
ワキ　道成寺住僧（宝生　欣哉）
ワキツレ　従僧（大日方　寛・御厨　誠吾）
アイ　能力（茂山　正邦・茂山　逸平）

◉典拠
『大日本国法華経験記』下巻「第百廿九　紀伊国牟婁郡の悪しき女」／『今昔物語集』巻第十四「紀伊国道成寺僧、写法花救蛇語　第三」／『元亨釈書』巻第十九「霊恠六」

◉参考資料
謡曲「鐘巻」／御伽草子『賢学草子』『日高川双紙』／香西精『能謡新考』

和歌山県日高郡川辺町《ひだかぐんかわべちょう》（現・日高川町）鐘巻《かねまき》に道成寺《どうじょうじ》という古刹《こさつ》があります。そこでは二つの伝承が語られています。

一つはその地に住む海人《あま》の娘・宮子《みやこ》が文武《もんむ》天皇《てんのう》の妃となったという伝承です。この伝承は歴史家にはほとんど注目されませんが、私は謡曲「海士《あま》」に暗示されるように、藤原不比等《ふじわらのふひと》がこの美しい海人の娘を自分の養女とし、文武天皇の妃とした。そして彼女は聖武天皇《しょうむてんのう》を産んだのではないかと思っています。

この「道成寺」という名は、文武帝の勅命を受けて寺の建立《こんりゅう》に当たったのが「紀道成《きのみちなり》」という人物なので、その〝名〟を取って「道成」寺と命名されたと言います。この伝承を語ったのが拙著『海人と天皇』（朝日文庫）です。この著で、私は藤原一族の皇子として認められていない感のある聖武天皇の心の秘密を詳しく語りました。

もう一つの伝承は「安珍《あんちん》・清姫《きよひめ》」の物語です。

この安珍・清姫の伝承の最初の形は『大日本国法華経験記《だいにほんこくほけきょうげんき》』（『本朝法華験記』長《ちょう》久《きゅう》年間／一〇四〇〜四四成立）の下巻第百二十九にあり、それをほぼそのまま『今昔《こんじやく》物語集《ものがたりしゅう》』（十二世紀前半頃成立）が採っています。この『今昔物語集』巻第十四「紀伊国道成寺僧《きいのくにのどうじようじのそう》、写法花救蛇語《ほつけをうつしてじやをすくえること》 第三」によって安珍・清姫の伝承を見てみましょう。

熊野詣《くまのもうで》*1をする二人の僧がいました。一人は年を取った僧、もう一人は姿形《すがたかたち》がはなはだ美麗な若い僧でした。二人は牟婁《むろ》の郡《こおり》のさる家に宿を求めました。その宿の主の寡婦《かふ》は若い僧に愛欲の心を起こし、夜中に僧の寝所へ忍び込んだのです。僧は驚いて、「自分は熊野詣をする修行の身であり、身を慎まねばならない。それ故、帰りには必ずあなたのもとに参りますから」と約束をします。

女はその約束の日を指折り数えて待ったのですが、約束の日に僧はやって来ません。そこで往来の人に「こういう二人組の僧を見かけませんでしたか」と問うと、「その二人なら既に牟婁の郡を立ち去りました」と言うのです。それを聞いて女は大いに怒り、家に閉じ籠もりやがて死んでしまいます。

ところがしばらくするとその女の霊は五尋《いつひろ》即ち約八、九メートルもの大蛇となって僧を追いかけるのです。二人の僧は道成寺に逃げ込み、寺僧に事情を告げると、寺僧は釣鐘《つりがね》を下ろしてその中に若い僧を隠しました。ところが大蛇は道成寺までやって来てこの鐘に巻きつき、尾でもって龍頭《りゅうず》を叩くのです。その大蛇の持つ激しい熱で僧は鐘ごと焼かれ、骨すらも残らなかった、と言います。

ところがその後、道成寺の老僧の夢に先の大蛇より大きな蛇が現われ、「私は鐘の中に籠められた僧ですが、今は自分を殺した女大蛇の夫となりました。私は生きている時は『法華経』を捧持《ほうじ》し、『法華経』の信者でありました。ですから、どうぞ『法華経』の『如来寿量品《にょらいじゅりょうほん》』を書写して、蛇となった我ら二人を苦しみから救って下さい」と言います。

老僧は言われたとおり、「如来寿量品」を書写し諸々の僧とともに法会《ほうえ》を催して、二人の苦を取り去ろうと供養しました。その後、老僧の夢に一人の僧と一人の女が現われ、「あなたの供養のおかげで我ら二人はたちまちに蛇身から解放され、それぞれ忉利天《とうりてん》、都率天《とそつてん》に昇りました」と告げるのです。

この物語は約束を違えた僧に対する女の凄まじい復讐の物語ですが、この話の主眼は「法華経」の功徳《くどく》を説くことにあります。このような物語を背景にまず、能「鐘巻《かねまき》」が作られます。

「鐘巻」から「道成寺」へ

「鐘巻」は廃曲になっていたのですが、平成四年（一九九二）、法政大学能楽研究所創立四十周年を記念して復曲されました。それ以来さまざまな演出が試みられましたが、平成二十二年（二〇一〇）二月、天野文雄氏の監修、大槻文藏師の演出で再検討され、大槻能楽堂で復曲公演がなされました。しかし、中央では廃曲になっていても民俗芸能では例えば「黒川能《くろかわのう》」や「壬生狂言《みぶきようげん》」、そして岩手一帯に伝わる「山伏神楽《やまぶしかぐら》」などに残っています。

能「鐘巻」は能「道成寺」の原型と言ってよいでしょう。『今昔物語集』などには僧は老僧と若い僧の二人が登場しますが、この老僧は物語の中ではほとんど活躍することはありませんでした。それででしょうか、「鐘巻」でも「道成寺」でもこの老僧の存在は省かれます。また若い僧の寝所に忍んで来たのは寡婦ではなく真砂《まなご》の庄司《しようじ》の娘です。父は娘を寵愛するあまり、「毎年奥州よりやって来て、熊野参詣のために我が家に泊まるあの客僧こそ、将来お前の夫になる男だ」と戯《たわむ》れに言ったのを娘は幼心に誠と思い、ある時、この僧のもとに行き、「いつまで私を放っているのですか、早く奥州へ連れて行って下さい」と言うのです。したがってこの恋は寡婦の邪《よこしま》な恋ではなく、父の戯《ざ》れ言《ごと》を本当と思った娘の初恋ということになります。その方がはるかに大蛇になった女に対する同情が湧くというものです。こちらの幼い娘との恋の物語は御伽草子《おとぎぞうし》『賢学草子《けんがくぞうし》』やその異本『日《ひ》高川双紙《だかがわそうし》』などでも語られています。

能「鐘巻」では、クセで先に述べた道成寺の「宮子姫伝承」が語られますが、「道成寺」になるとこの話は省かれ、はなはだ簡潔になります。

また、「道成寺」には「乱拍子《らんびょうし》＊2」と呼ばれる独特の所作があります。「道成寺」の乱拍子はかつては金春流のものでしたが、今は各流で演ぜられます。他に乱拍子を伴う曲は観世流の「檜垣《ひがき》」、宝生流の「草子洗《そうしあらい》（小町《こまち》）」、金剛流の「住吉《すみよし》詣《もうで》」です。ただ、今は他の乱拍子は、たまにしか出ませんので、乱拍子は「道成寺」の専売特許と言ってもよいかと思います。

先日、大槻文藏師に「乱拍子のあの気合は、どういう意味を持っているのでしょうか」と尋ねましたところ、「私は乱拍子から官能・陶酔という境地に入ってゆきます」とおっしゃいました。確かに乱拍子は大変官能的な感じがします。

「道成寺」の作者は不明です。ただ「道成寺」は金春系の人物が作者かとも考えられています。その金春系の人物が誰なのかははっきりわかりませんが、慶長《けいちょう》十六年（一六一一）に成立した鼓の伝書『幸正能口伝書《こうまさよしくでんしょ》』に、「道成寺」の乱拍子の創作者は金春禅竹《ぜんちく》、あるいはその子・宗筠《そういん》と記されています。「道成寺」は乱拍子が命です。それを工夫したとなれば、「道成寺」の作者を禅竹あるいは宗筠に当ててもいいのではないかとも思います。

「鐘巻」については信光《のぶみつ》作とも言われてきましたが、金春系の人物とともに、丹《たん》波《ば》猿楽《さるがく》の梅若大夫《うめわかだゆう》が作者として挙げられます。それは、「丹波鐘巻」という曲名によります。「丹波鐘巻」の内容は「鐘巻」そのものなのですが、「道成寺」が成立すると、わざわざ「鐘巻」を「丹波鐘巻」と断っているのです。このことから「鐘巻」と「道成寺」が同時に上演されていた時期があることも知ることができます。しかし「道成寺」の方が、作品としてまとまっていたため、段々と「鐘巻」の方は演ぜられなくなったのでしょう。ちなみに、梅若家は乱拍子のような動きの激しい能を得意としていました。それで「鐘巻」に既に乱拍子があったということも考えられます。とすれば「鐘巻」の乱拍子をより完成されたものにしたのが、禅竹あるいは宗筠ということになります。

花のほかには松ばかり

「道成寺」のストーリーは、誠にはっきりとした「起承転結」で成り立っています。

曲が始まる前に狂言後見《きょうげんこうけん》とシテ方の鐘後見《かねこうけん》が協力して作り物の鐘を舞台正面に運んできて、吊します。この鐘の準備にかなりの時間を割いています。

準備が済むと、ワキである道成寺の住僧が登場し、「私は紀州道成寺の住僧である。当寺においては、故あって永らく釣鐘がなくなったままであったが、このほど鐘が再興されたので、供養をしようと思う」と言います。そしてワキはアイの能力《のうりき》＊3を呼んで、「今日は鐘の供養をするが、子細あって女人禁制《にょにんきんぜい》である。したがって一人の女性も通してはならない」と言います。能力は大声でその旨を伝えます。これが「起」の部分です。

そこへ前シテの白拍子《しらびょうし》＊4が登場し、「私はこの国の傍《かたわら》に住む白拍子ですが、道成寺という寺で鐘の供養があると伺って参りました」と言います。能力は「女人禁制なのでこの供養の場に通す訳にはいかない。すぐに帰りなさい」と言います。

シテは「鐘の供養に舞を舞いたいと思うのです」と言います。能力は白拍子がただの女人ではないと知って、「ちょっと尋ねてみましょう、そこで待っていなさい」と言います。能力は従僧にその旨を伝えますが、従僧は「女人禁制を申しつけられたからには私は知らない」と言います。能力は「なかなかお許しが出ないが、私の一存でそっとお入れいたしましょう」と言います。

能力はおそらくこの白拍子の美しさに魅せられたのでしょう。自分の権限で入れてやろうと言うのです。色に弱い、さもしい心が見えみえです。

ここで「物着《ものぎ》」です。白拍子は烏帽子《えぼし》を着けて衣裳《いしょう》を整え、足拍子を踏みながら舞を舞い始めます。

シテ〽花のほかには松ばかり、花のほかには松ばかり、暮《く》れ初《そ》めて鐘や響くらん　（「道成寺」）

「鐘巻」においてはこの後に「夫祇園精舎《それぎおんしょうじゃ》の鐘の声は、諸行無常《しょぎょうむじょう》のひびきたり、沙羅双樹《しゃらそうじゅ》の花の色は、生者必滅《しょうじゃひつめつ》のことわりなり。しかるに生《しょう》は滅法《めっぽう》のはじめ、終《つい》に寂滅《じゃくめつ》を以《もつ》て楽しびとす」と続き、「宮子姫伝承」が語られます。この部分が

「道成寺」ではまったく省かれます。しかしその省略によって、かえって「無常」が示されるのです。そして、

シテ〽道成《みちなり》の卿、うけたまはり、はじめて伽藍《がらん》、たちばなの、道成興行《こうぎょう》の寺なればとて、道成寺《どうじょうじ》とは、名づけたり　（「同」）

と、「鐘巻」では詳しく語られる道成寺建立の話が、「道成寺」においてはこの「乱拍子謡《らんびょうしのうたい》」に絞られます。

乱拍子については、香西精《こうさいつとむ》氏が、

乱拍子は、本来、白拍子系の数え舞で、延年風流《えんねんふりゅう》に児童の演ずる児《ちご》乱拍子、相《あい》乱拍子などと見えており、又例の貞和《じょうわ》四年の春日神社の巫猿楽《みこさるがく》に、乙鶴御前《おとづるごぜん》が翁面の扮装のまま、時間ふさぎに即席で舞った記録も見えるように、女子供でも舞える数え踏み中心の舞だったらしく、今日の「道成寺」のそれのように、気迫のこもった、精力を集中したものではなかったと見える。（『能謡新考』）

と述べています。これは卓見です。気迫の籠もった小鼓《こつづみ》の「ヨォー、ホッーホー、エエイ・イヤ、ホー、ヨォー、オー、ホー」という烈《はげ》しい掛け声と白拍子の足踏みが鋭い緊張を生みます。

そしてこの乱拍子がしばらく続き、急《きゅう》ノ舞《まい》に移ります。急ノ舞では大鼓《おおつづみ》が入り、雄壮な舞となります。

そして次の詞《ことば》が「鐘入り」の前に語られます。

シテ〽さるほどにさるほどに
地〽寺々《てらでら》の鐘、つき落《お》ち鳥啼《とりな》いて、霜雪天《しもゆきてん》に、みちじほほどなく、ひたかの寺の、江村《こうそん》の漁火《ぎょか》、愁《うれ》ひに対して、人々眠れば、よき隙《ひま》ぞと、立ち舞ふ様《よう》にて、狙《ねら》ひ寄りて、撞《つ》かんとせしが、思へばこの鐘、恨めしやとて、龍頭《りゅうず》に手を掛け、飛ぶとぞ見えし、引きかづきてぞ、失《う》せにける　（「道成寺」）

これは「月落ち烏啼《からす》いて霜天《しもてん》に満《み》つ。江楓漁火《こうふうぎょか》　愁眠《しゅうみん》に対す。姑蘇城外《こそじょうがい》　寒山《かんざん》寺《じ》。夜半《やはん》の鐘声《しょうせい》　客船《かくせん》に到る」という唐詩によるものですが、「烏」は「鳥」となり、「楓」は「村」になり、かなり原詩とは異なっています。そのような唐詩をもじった言葉を背景に鐘に手をかけ飛び上がると、鐘後見が鐘を落とし、白拍子は鐘の中に入るのです。

以上が「承」の部分です。ここはもちろん見せ場ですが、もう一つ見せ場があります。「鐘入り」の後の「間狂言《あいきょうげん》」です。

「間狂言」がほぼ「転」に当たります。ここは喜劇です。

能力は、「えらいこっちゃ、えらいこっちゃ。雷でも地震でもない。なんじゃ、なんじゃ」と言って、鐘を見に行きますが、鐘が落ちていることに気づき、鐘に触ろうとするのですが、とても熱いのです。能力は「あの鐘の供養に舞を舞わせてくれと言った白拍子が怪しい」と、仲間に「お前から住僧に話してくれ」と言いますが、仲間も「お前が招いたのだからお前が話せ」と、やや長い問答があります。それで能力は仕方なく、ワキの住僧に鐘が落ちたことを報告するのです。能力は鐘の様子を見に行くよう、ワキに勧め、自分はこれで助かったと一目散に逃げてゆきます。

ワキの住僧はワキツレの従僧に鐘の由来をじっくりと語ります。「今までお前たちには語らなかったが、この鐘には謂われがある」と真砂の庄司の娘の話をするのです。「かつてある若い僧が娘をだまして道成寺に逃げ込んだ。娘は追いかけたが日高川が増水していて渡れなかった。しかし執心のあまり大蛇となり、日高川をやすやすと渡り道成寺までやって来て、僧の隠れた鐘に巻き付き、炎を吐いて鐘もろともに僧を焼き殺した」と語るのです。

「怨霊鎮め」の思想

「結」もまた、はなはだドラマチックな見せ場となります。住僧と従僧は懸命に不動明王《ふどうみようおう》の呪文を称えます。

ワキ〽水かへってひたか川原《がわら》の、真砂《まさご》の数《かず》は尽《つ》くるとも、行者《ぎようじや》の法力《ほうりき》尽くべきかと

ワキツレ〽皆一同に声を上げ　（「同」）

この不動明王の呪力が通じたのか、鐘は吊り上げられ、後シテの蛇体が現われます。ここから太鼓《たいこ》が入り、両者、激しい動きとなります。蛇体の恨みと僧の呪

力の凄まじい闘争です。蛇体の怒りは物凄く、僧たちは押され気味になりますが、懸命の祈りによって蛇体はついに負け、橋掛りに追いやられ、足早に幕内に逃げてゆきます。

地へ謹請東方青龍清浄《きんぜいとうぼうしょうりゅうしょうじょう》、謹請西方白帝白龍《きんぜいさいほうびゃくたいびゃくりゅう》、謹請中央黄帝黄龍《きんぜいちゅうおうおうたいおうりゅう》、一大三《いちだいさん》千大千世《ぜんだいせんせ》界《かい》の、恒沙《ごうじゃ》の龍王哀愍納受《あいみんのうじゅ》、哀愍自《あいみんじ》謹《きん》の砌《みぎん》なれば、いづくに大蛇《だいじゃ》のあるべきぞと、祈り祈られかつぱと転《まろ》ぶが、また起き上がつてたちまちに、鐘に向かつてつく息は、猛火《みょうか》となつてその身を焼く、ひたかの川波、深淵《しんねん》に飛んでぞ入りにける　（「同」）

このような怨霊と怨霊鎮めを願う山伏の呪力合戦は信光の「舟弁慶」などの作品に見られる場面です。世阿弥《ぜあみ》や禅竹などの思想は天台本覚思想《てんだいほんがくしそう》の「草木国土《そうもくこくど》悉《しっ》皆成仏《かいじょうぶつ》」という思想ですが、「道成寺」で描かれている宗教は密教が得意とした「怨霊鎮め」の宗教であると言えましょう。この怨霊鎮めがどんなに日本の宗教において大事なことであるかは、慈円《じえん》の歴史書『愚管抄《ぐかんしょう》』などに明らかで、この怨霊鎮めの宗教を「道成寺」は見事に見せてくれるものと言わねばなりません。

しかしここで重要なことは、この真砂の庄司の娘の霊は成仏していないということです。娘はまた大蛇の姿になり、日高川に身を投じるのです。そして最後は、

地へ望み足《た》りぬと験者《げんじゃ》たちは、わが本坊《ほんぼう》にぞ帰りける、わが本坊にぞ帰りける

（「同」）

とあり、僧たちは怨霊は鎮魂されたとし「安心、安心」となるのですが、実際は怨霊は決して鎮魂されず、今もなお日高川の大蛇となって、火炎地獄をさまよっているのです。私はこの能を観ながら、つくづくこの娘が哀れであると思わざるを得ませんでした。

この物語を二人の日本画壇の巨匠が絵にしています。一人は村上華岳《むらかみかがく》です。華岳は大正八年（一九一九）、「日高河清姫図《ひだかがわきよひめず》」という絵を描きます。それは恋に狂った女の、今まさに大蛇になろうとする、実に美しい、哀しい姿です。華岳はよほどこの話に心を打たれたのでしょう。

華岳が西の日本画壇の巨匠とすれば、東の巨匠は小林古径《こばやしこけい》でしょう。古径は昭

和五年（一九三〇）、八枚続きの「清姫《きよひめ》」という絵を描いています。古径の描いたほとんど唯一の物語絵で、最後の「入相桜《いりあいざくら》」の図には桜の大樹が鮮やかに描かれています。古径は清姫の姿に満開の桜を見たのでしょう。

「道成寺」は歌舞伎で特に人気狂言となりましたが、その元は能「道成寺」にあり、さらにその前に能「鐘巻」がありました。その「道成寺」の原曲「鐘巻」には、あまり語られていない「宮子姫伝承」が入っていることは先に述べました。この道成寺の物語は「安珍・清姫」の物語以上に、室町時代、海人の娘・宮子の哀話として民衆に支持されていたのです。道成寺さんにお参りする折は、どうぞ悲劇の女性・宮子のことを思い出して下さい。宮子もまた〝鎮魂〟されることを望んでいるのです。

◉周辺雑記　熊野詣

「花のほかには松ばかり、花のほかには松ばかり」。「井筒」の「待つ女」とは全く異なるが、道成寺の前シテの白拍子も「待つ」女である。それで「松」なのである。「道成寺」という物語は「待つ」ことがテーマである。「道成寺」の異本『賢学草《けんがくぞう》子《し》』のヒメは、自分を殺そうとした男と恋に陥る。しかしこれは前世の因縁。ヒメは、ず〜っと男を待っていたのである。前世からず〜っと待っていたのである。だから「この世」を経て「あの世」に行っても、その男は永遠の恋人・夫なのである。これも執心、執着。

それにしてもこの曲ほど民衆に愛された曲はない。歌舞伎はもちろん、東北から沖縄までそのカタリはある。物語はある。なぜだろう。「道成寺」も誰かによって運ばれた。その〝誰か〟は物語の中に描かれている。熊野詣の修行僧がそれである。熊野信仰を運んだ聖や、熊野比丘尼《くまのびくに》、そして北陸路を往来した修験の徒の仕業であろう。

歌舞伎では最高の曲。あの六代目中村歌右衛門は喜寿の祝いに必ず、歌舞伎座で「京鹿子娘道成寺《きょうがのこむすめどうじょうじ》」を舞うと若い頃から言っていた。

＊1　熊野詣　熊野への参詣路は二つある。一つは京より阿倍野《あべの》を経て田辺に入り、それより山道を経て本宮・新宮に至る「中辺路《なかへじ》」と、田辺から枯木灘・熊野灘を海沿いに那智大社に至る「大辺路《おおへじ》」。中辺路は王子信仰、大辺路は海の修験の信仰を持つ。「熊野詣」、熊野信仰と言えば、花山天皇《かざんてんのう》に始まり、院政期の白河・後鳥羽上皇の行幸が有名であるが、古くはイザナミの母神信仰に始まる。イザナギ・イザナミの男女神（夫婦神）を祀

る社は多いが、三重県熊野市の通称「花の窟《いわや》」は、イザナミが黄泉の国へ降りた地として崇められる。「クマノ」の「クマ」は「隠国《こもりく》の長谷」の「コモ」と同じく、死者の霊の「籠もる」場所として神聖視された。

熊野信仰を運んだ熊野比丘尼は『熊野の本地』という貴種流離譚《きしゆりゆうりたん》と、『観心十界図』という「六道絵」と「人生階段」が合体した絵巻・掛幅《かけふく》を持って、絵解きをしながら遊行、熊野信仰を宣伝した。イザナミという母神に始まる信仰に、比丘尼という女性宗教者が関与して、「熊野詣」は室町時代まで盛行を極めた。

＊2　乱拍子　今は乱拍子と言えば「道成寺」、「道成寺」と言えば乱拍子のイメージがあるが、この乱拍子は各流派が各々に伝えてきた。なぜ「乱拍子」かというと、これこそ能の古態であるからである。「乱拍子」は一言で言えば呪的「足踏み」である。陰陽道の「反閇《へんばい》」であり、修験の「ダダ」である。ダダっ子の「ダダ」をこねるは、この「ダダ」より出た。呪術である。「道成寺」では、乱拍子の後に「急ノ舞」があって「鐘入り」となる。乱拍子を踏むことで、白拍子はだんだんと〝蛇〟になってゆく。

＊3　能力　寺院で「法師に近侍する承仕《しようじ》のようなもの」と柳田國男は言う（「能と力者《りきしや》」）。しかしその能力が〝能〟に入って、狂言方が演ずる時「小さくなって能力は片隅に控えて居た」ことに対して、柳田は、「能力こそ、実は〝能〟の起源・源流にいる人」と言う。「能力」の語源は何か。会津の話であるが、田楽の相撲取りに「能力」の四股名《しこな》を持つ人がいた。また「万力《まんりき》」という人もいた。ともにその四股名は、自分たちの住む部

落名から採ったという。そこで柳田は一度「能力」から離れて「力者《りきしや》」の家筋を考える。「力者」を「力《りき》の者《もの》」と言うと随分とその職掌《しよくしよう》の範囲が広がる。マッサージ師であり、取り上げ婆であり、薬師《くすし》であり、もちろん、その力をもって輿《こし》や駕籠《かご》を担ぐ者である。柳田は特に、飛脚が「カクリキ」と呼ばれていたことに注目する。「脚力」と書く。飛脚は手紙を運ぶ。古代の長谷部《はせべ》（杖部《はせべ》／ハセツカベ）である。飛脚は走る。この「走り」は、能の最初の芸態であった。つまり「呪師走り」である。能力は、その走る人であったのではないかと、柳田は推察している。

＊4　白拍子　平安時代末期から室町時代にかけて宴席で歌舞を披露した遊女。その姿は男装であった。これは元々、白拍子の芸能・歌舞の「白拍子」が、男性のヨリマシ（憑人）のものであったため、女性が舞う時も、直垂《ひたたれ》に立烏帽子《たてえぼし》で、腰に刀を差して舞った。「男装の麗人」。白拍子の芸は田楽・猿楽とともに上演された。そのリズムは、声明《しようみよう》・雅楽に通ずるもので、乱拍子に対するものと言われる。

協力＝大槻能楽堂、大槻文藏、天野文雄

編集協力＝エディシオン・アルシーヴ
（西川照子＋深井大輔＋渡辺洋平＋増田央＋栗田治）、
山崎幸雄

梅原《うめはら》猛《たけし》の授業《じゅぎょう》 能《のう》を観《み》る　朝日文庫

2019年4月30日　第1刷発行

著　者　梅《うめ》原《はら》　猛《たけし》

発行者　三宮博信
発行所　朝日新聞出版
〒104-8011　東京都中央区築地5-3-2
電話　03-5541-8832（編集）
03-5540-7793（販売）
印刷製本　大日本印刷株式会社

ISBN978-4-02-261963-1

朝日文庫

河合　隼雄
Q&Aこころの子育て
誕生から思春期までの48章

誕生から思春期までの子育ての悩みや不安に、臨床心理学の第一人者・河合隼雄がやさしく答える一冊。

瀬戸内　寂聴
老いを照らす

美しく老い、美しく死ぬために、人はどう生きればよいのか。聞くだけで心がすっと軽くなる寂聴尼の法話・講演傑作選。《解説・井上荒野》

車谷　長吉
人生の救い
車谷長吉の人生相談

「破綻してはじめて人生が始まるのです」。身の上相談の投稿に著者は独特の回答を突きつける。凄絶苛烈、唯一無二の車谷文学《ワールド》！《解説・万城目学》

枡野《ますの》　俊明《しゅんみょう》
禅の作法に学ぶ　美しい働き方とゆたかな人生

「ためない」「探さない」「常に備える」「無心になって人と向き合う」など、禅の作法を仕事に取り入れて、自分らしく生きるための方法を説く。

枡野《ますの》　俊明《しゅんみょう》
禅の言葉に学ぶ　ていねいな暮らしと美しい人生

『ニューズウィーク日本版』で「世界が尊敬する日本人一〇〇人」に選ばれた著者が説く、禅の教えを日々に生かし、心豊かに生きる方法。

枡野《ますの》　俊明《しゅんみょう》
禅の教えに学ぶ　捨てる習慣と軽やかな人生

虚栄心や執着心から解放され、「引き算」の生き方を実践すれば、人生はより豊かになる。禅の「捨てる」思想を、生活に取り入れるコツを紹介。